大村はま　優劣のかなたに

遺された60のことば

苅谷夏子

筑摩書房

目次

ことば――読むこと　書くこと

学ぶということ

教えるということ

大村はま　優劣のかなたに

遺された60のことば

はじめに

平成十七年四月十七日、国語教師大村はまが、ふいとその生を終えた。早朝の電話でそれを知り、ぽっかりと中空に浮いた喪失感に、圧倒された。

一つの光景を思い出した。

その半年くらい前のことだ。生活支援型高齢者住宅の小さな部屋で、大村はベッドに腰掛け、私は向かい合わせに置いた椅子に座って、お茶を飲みながら、いろいろな話をしていた。私は、三十数年前、大田区立石川台中学の大村教室で学んだ元生徒だが、不思議な巡り合わせで、この十年間ほど、大村の傍であれこれ手伝いをしてきた。あの日も、仕事の打ち合わせなどをしていたはずなのだが、突然、こんなことばが出てきた。

「きっと、百歳にはならないわね。そんな気がするのよ。この体が死ぬことは、そんなに怖いとも悲しいとも思わない。自分でも不思議なくらい、平静に受け止められるだろうと思うわ。クリスチャンだからでもあるでしょうし、十分長く生きましたからね。ほんとうですよ。でもね、大切なおともだちにもう二度と会えない、もうお話しすることができない、それは、ほんとうに悲しい。どうやって堪えたらいいかと思うくらい、つらいわねえ……」

私は言えることばもなくて、ただ、すっかり薄べったくなってしまった先生の膝のあたりをじっと見ていた。あの日ベッドにかかっていたシーツの花柄までが目に焼きついた。あのとき、ふだん人並み以上におしゃべりな元国語教師と元生徒が、二人して、しいんと、しょんぼりと、あらかじめの悲しみを味わった。

大村はまは、ことばの人であった。ことばを愛し、ことばを育て、ことばに対して誠実だった。友人たちとのあいだを稀に見るほどしっかりと結んだのも、ことばだった。予見した死の悲しみも、そういう大切な人たちとことばが通わなくなることが、その中心であった。

そうだ、もう先生と話ができない、それがこんなに悲しいのだと、思い当たった。

一周忌を前にした頃、この小さな本を作ることが決まって、大村はまの著作の大半を読み返し、胸に響くことばを一つ一つパソコンに打ち込んでいったら、二カ月くらいのあいだに千五百を超えた。最初の百のことばが並んだあたりで、はっきりとわかったことがあった。人柄も、思想も、確かに、ことばになって残ったのだ。それぞれの、さまざまな表情をもつことばが緊密に並べば、遺伝子配列がわかったのと同様に、ある意味で、もう一度、この世に大村はまという人を存在させることができるにちがいない。

はりきって、まるで単元学習に取り組むようにして仕事を進めた。

気がついたら、悲しみはすっかり薄らいでいた。

大村はまという人

❶ きかん坊

私は、きかん坊でいけない子ですけれども、ほんとうに一生けんめいに生きていると思っていたのです。一生けんめい生きて、一生けんめい考えて、いろんなことをする。それで、すなおにばかりいかないこともあり、意地悪ということになってしまったこともあり、いろんなことがありました。しかし、ほんとうのいい人をめざしている、ただのお人よしではない、と思っていました。ほんとうの人のほうは、本気になりすぎて、かえって気むずかしくなったり、こだわったりして、かえっていい子と言われない、お人よしのほうはじつにたやすくいい人ということになっていってしまう。けれども、ほんとうに人を救う人間は、ほんとうの人のほうではないかと思っていたのです。

（『大村はまの国語教室3』）

＊各節冒頭の太字、および文中で特に明記のない引用は、すべて大村はまの著作からの引用である。

きかん坊というのは、つまらない謙遜ではない。ほんとうのことだ。

この文章では、子どもの頃のこととして書かれているが、大村はまという人は、その芯のところで、一生を通してりっぱなきかん坊だった。大村が九十八歳十カ月で亡くなる少し前に、こんな会話をした。

「長いあいだに、ほんとうにたくさんの人に憎まれましたよ。」

「えっ？　そんな……。」

「ほんとうですよ。そうなの。……それでも、まあ、同じだけ、と言う元気はないけれども、結構たくさんの人に愛された、そういう人生だったと思うわ。そう思うと、悪くないかもしれないわね、そう思わない？」

大村を憎んだという人については今は措《お》くとして、愛した人たちがもっとも愛着をおいた点は、この「きかん坊」という部分だったのではないか。

いつでも本気の人、一生けんめいの人だった。問題を前にして目をつぶることのできない人、やると決めたことをやらずにはおかない人、そのためには無茶も苦労も対立も、踏み越えていった人。そういう自分を適当にごまかして周囲に歩調を合わせるということが苦手であった人。心にもないことはなめらかに言えない人。そんな人をきかん坊といわずに何と呼ぼう。教師には、一人前の専門家としての教える技術が不可欠であることを説いたときの、「熱意さえあればいいというわけではないと思います。熱心結構、いい人あたり前です」などという発言など、きかん坊の面目躍如である。

そんな大村はまを愛した人々は、国語教育の仲間や教え子、読者に限らず、住み慣れた世田谷桜新町の電器店の二代目やカメラ店の主人、北海道で自然酵母パンを焼くパン屋の夫妻や、山形のホテルの盲目のマッサージ師、古都の個人タクシーの運転手など、顔ぶれは多彩だが、見ると、そういう長年の友人たちもまた、どこかきかん坊であることが多い。類は友を呼ぶ。

「真実」とか「誠実」とか「志」とかいうような、時代遅れと言われても仕方のないようなものを、心の底のところで雛鳥を守るように大事にして、それに忠実であろうとすると、ついつい気むずかしい人とも、こだわりすぎでつきあいにくい人ともなってしまう。それを、自分でも時にはやっかいなこととも思うけれども、だからといってやめられるわけではない。世の中のいろいろな場所で、そういうきかん坊な自分であることをかみしめながら一生けんめいに生きている人たちが、大村はまというりっぱなきかん坊に出会うと、すっかり参ってしまって、不思議な友情を築くのだ。私もちゃんときかん坊である。

冒頭にあげた文章は、大村が女学生であった十六歳前後の頃に書いた作文「いい人とほんとうの人」について、ずっと後年になってから本人が解説したことばだ。大正の末に書かれたその作文の結びは、こんなふうになっている。

「ほんとうの人になろうと思う。戦いは幾度となくあろう。寂しい時もあろう。私は勇気を出して苦しみを真面目に苦しみ、人のそしりも称賛もまともに受けて、自分に当たってくるものに、皆動かされない真剣な態度で当たってみようと思う。」

十六かそこらで、たいへんな宣言をしたものだが、終えてみれば、その宣言通りの人生だった。幾度となない戦いを経ざるを得なかったし、勇気をだしてその苦しみをなんとか乗り越えた。確かにそしりも称賛もまともに受けとめた。そして、十六歳が予見したその「寂しさ」というものもまた、人生の大半を貫いていつも大村のどこかに巣くって、それはどんなに熱烈な大村ファンが手をとって歓迎してくれても、子どもたちの笑顔に囲まれても、ほんとうには消えなかった。

一人になって我に返ってみれば、なにがというわけではないけれども寂しい、という実感があったようだ。その寂しさというのは、なんだろうか。結婚することもなく、母を亡くした後は一人で暮らした大村だったが、でも、一人か二人か、三人かというような寂しさとは、どこか本質的に違うように思われる。人は結局、しんとした気持ちで「生きること」を思うとき、寂しいと感じるものなのだろうか。そして実のところ、大村を愛する人々を惹きつけたのは、この寂しさでもあるらしいのだ。

寂しいきかん坊・大村はま、なのである。

❷ 確実に頭を上げて

何か新しいものに向かって確実に頭を上げて立ち向かうという、そういった姿勢、それをしなくても何とかすむかもしれないのに、しかしやってみたい、試みてみたい、前進してみたい、そういうような気持ち、何かを切り開いていきたいという気持ち、そういうものが、自分の中に伝わっているのを感じるのです。

(『学びひたりて』)

これが、大村はまが母から受け継いだものだ。母方の血、小川家の人々に共通して流れている気性であるらしい。明治維新後、松江での士族としての暮らしを敢えて後にして、北海道開拓に赴いた一族である。稲作は無理と思われていた北海道の地で、なんとか育つイネの品種と育苗法を開発した先駆者・小川義雄は、はまの大好きな叔父であったし、札幌駅前に北海道初のデパートをつくった小川二郎は、その兄である。二郎は休日になると、石ころだらけの馬車通り脇の地面をこつこつと耕し、花の種を植えていった。それが今の大通公園の始まりだったと聞く。もちろん母・くらも前向きの人だった。家政を新しい考えで合理的に切り回し、安価でおいしい料理を工夫し、育児にもさまざまな知恵を生かした。教会のバザーの力強い推進者でもあった。

これまで続けられてきた流儀や慣習、それを自分も採用して、そのまま続けていけば、それで無事に過ごせる、大過なくつとめられる、そう思っても、いや、ひょっとしたら、工夫次第でもっとよくなるのではないか、と考える。常識や定石に安住しないで、いつも初手から、オリジナルに考えてみて、新しいシナリオを書いてみる。そういうことを試みてみたい、前進する風を顔に受けながら生きたい。そういう一族である。

大村はまもそういう改革者だ。芦田恵之助、西尾実といったような優れた師をもち、深く尊敬したけれども、その師の示したところにさえ、じっと留まるということができなかった。それで、弟子なかまから異端視されることがあったと聞く。

そういう「新しいものに向かって確実に頭を上げ」るという姿勢は、生涯変わることはなかった。大村の退職後、倉澤栄吉・日本国語教育学会会長が中心となって「大村はま国語教室の会」を組織し、年に一度、研究大会を開いたが、大村は九十四歳になるまで毎年欠かすことなく新しい単元を提案した。まるで次の週に教室にかけるというような勢いで、本気になって新しい視点を探り、魅力的な教材を求め、みっちりと準備をした。まるで一年がその日のためにあるかのような過ごし方だった。

亡くなる直前、九十八歳の冬、大村が買い求めたいと言っていたものが三つある。新しいアイロンと、マンドリンのピックと、そしてパソコンであった。ある意味で、最後まで前を向いて、頭を上げて生きた。

父は、潔癖で不器用な人であった。

「父は「うそ」という言葉をひどく嫌いました。うそをつくことを嫌うだけでなく、日常生活の中でそれを言葉として使うことも、許しませんでした。何かのはずみで、「うそでしょう」なんて言おうものなら、父はたちまちパチッと、自分の両手を激しく打ち合わせたんです。または、自分で自分のひざを激しく打ったんです。……『「うそ」って言うんじゃない、「違う」と言いなさい。』……うそということの汚さと、それを心から厭った父の気持ちとが、私の心に染みたと思います。」(『学びひたりて』)(なお引用文中の……は(中略)を意味する。以降同様)

こうした潔癖ぶりと禁欲的な姿が、まるで物語の中の人のように、二十一世紀の現在からは遠くに思える。

はまは、そういう父を、母の傍らで、尊敬し共感しながらも心配し、はらはら見ていたようでもある。英語教師であったり、横浜ＹＭＣＡの総主事であったりしたが、同僚に病児があると、給料袋の中身のほとんどを押しつけて帰ってきたりする、そういうことが重なって大村家は困窮した。母はそれを強く非難することはなかったけれども、現実問題として困り、はまの前で嘆くこともあった。それを見て育ったはまであったから、潔癖をまるごとそっくり受け継ぐことにはためらいがあっただろう。しっかりとした現実感覚を大切にしようとした。

それでも、やはり親子である。はまも、心底潔癖な人であった。小学生の頃のこんなエピソードがある。濱ちゃん（本名は大村濱と書く）の濱という字のつくりは、ウカンムリの下に横線を引き、そこに少と書き、貝と書く、でも実は少ではなくて、少と、右には点のない形が正しい。多くの人が少だと思っている。せっかく正しく濱と書くと、大人が、うそ字はいけないよ、うそつきになるよ、と誤った指摘をすることが何度もあった。はまは「「うそつき」などは「ばか」と言われるよりも何倍も、くやしい、我慢ならない、辛いことばでした。……くやしく、悲しく、何日も思い出しては泣きました」（『私が歩いた道』）という。尋常でない傷つきかたである。

大人になってからも、これが大事ということについては、徹底して潔癖であった。その第一として、いつも心とともにことばを使い、自分の目や心にふたをしたり、背いたりすることがなかった。つまり、うそを厭ったのである。そして苦笑いするように「手も心も生き方も不器用」と、自分を評していた。父の子である。

❸「読めません」とは言いません

次のようなことを言わないことです。

「黒板に書いた字、読めるか」

……この場合、子どもたちの何人かが、「はあい」と言うでしょう。そして、読めないか、不確かな子どもも、何人かは釣られて「はあい」と言うでしょう。そして読める子も不確かな子も、半分くらいの子は、何となく返事は人に任せたような気持で、黙っているでしょう。もし読めない子がいても、「読めません」とは言いません。まして、読めるような読めないような不確かな子どもの中に、正確にその自分をつかんで、「読めないのではないけれど……」と自分の真実の状態を表わすというような、ことばの力を持っている子の声は聞かれないでしょう。それより何より、先生が何と言ったのか、耳に入っていない子も何人かいるでしょう。

（『教室をいきいきと1』）

顔色を変えずに、手加減せずに現実を見るこういう目線が、大村はまの生来の特質であるような気がする。すべての良い仕事が、この目線を土台に築かれているし、また、すべての苦労も、この目線のゆえのように見える。

黒板に漢字の熟語でも書き、先生が「さあ、みんな、これ読めるかな?」と問う場面の話だ。生徒たちが口々に「はあい」「はあい」「読めます」などと答える。こんなものはべつに目くじらを立てるような光景ではない、と思う人がほとんどだろう。漠然と「はあい」が多ければ、「よしよし、割合にたくさんの子がわかっているようだな」ということ、少なければ「あまりわかっていないというところから出発しないとな」と思う、その程度のことだ。どの子が、「はあい」と言ったか、どの子が言わなかったか、そんなことを個別に気にしての問いかけではないだろう。勉強に入るための、ただのきっかけ、景気づけ、一種の儀式のようなものだろう。

そうだ、そのただの儀式という点をもって、大村は、むなしい、中身がない、と言うのだ。こんなことも言っている。

「(教師は)だいたい成功するような気持ちになりやすいのです。……「わかりましたか」と聞くときには、ほとんどの場合、「わかりました」という返事を期待して聞くわけです。生徒の方も心得ていますから、「わかりましたか」「はい」となります。「わかりません」と言ったら、たいへんなんだろう、という気がするのでしょうし、また、一つの習慣ではないでしょうか。……「わかりましたか」と聞くときの教師自身が、子どもにほんとうの真剣な答えを期待していないという自分への甘さがあるのではないかと思います。「何もわかりません」と言われたら、どういう顔をするつもりでしょう。さぞ、びっくりすることでしょう。それくらい自分は甘ったるいのだということを考えるわけです。」(『教えるということ』)

「読めますか」「はあい」「わかりましたか」「はい」。こういう内実のない、他愛ないお芝居のような、決まりごととしての小さな問答が、誰も気づかないくらい少しずつ少しずつ、教室の空気を緩めていく。勉強の場にどうしても必要な、引き締まった空気を、作っていくどころか、徐々にむしばんでいく。そういうことを、本気で問題にしたのが、国語教師・大村はまだった。この甘えを含んだ空疎な問いを自分に禁じて、大村は、指をしばって「×わかりましたか」と書いた札を下げていたことがある。「そうやって自分を鍛えた日々があった」と言う。

もうちょっと呑気でいいのに、と思う人も多いだろう。そんなにいつもいつも細かいところまで本気でなくていいのに、と。けれども、人間はそんなに都合よくできていない。いつも真正面から手加減なくものを見る人にしか、大村がやりとげたような仕事はできないのだと思う。

私は、中学一年の二学期に大村教室に転入生として加わったが、いやになるくらい暑かったあの九月二日、最初の授業から、独特の、明るいがピンと引き締まった、文化的としかいようのない空気に驚いたものだった。十三歳の私にも、それは漠然とではあったが確実に伝わった。そのピンと張った、引き締まった雰囲気というのは、実は、こういう細部が積み重なってできあがったものなのだ。

④やってもできないことがある

子どもたちに、安易に、だれでもやれる、やればやれるといいたくない。やってもできないことがある——それも、かなりあることを、ひしと胸にして、やってもできない悲しみを越えて、なお、やってやって、やまない人にしたいと思う。

（「はまゆう」第2号）

大村は両親がクリスチャンで、生まれたときからその信仰の中にいた。小学生の頃、両親から『聖書物語』という本を贈られた。聖書の中の重要な話を、子ども向けに書いたものだ。その中で、小さなはまちゃんが、とりわけ心をひかれ、くりかえし読んだ一節がある。

イエスは、十二人の弟子とともに最後の晩餐をし、十字架にかかる日を前に苦しい夜を迎える。ゲッセマネという所に来て、ペテロら三人の弟子に「私は死ぬばかりに悲しい。ここを離れず、私と共に目を覚ましていなさい」と言い、ひとり離れる。イエスが悲痛な祈りののちに、弟子たちのところに戻ると、彼らは眠っていた。「あなたがたはこのように、わずかな一時もわたしと共に目を覚ましていられなかったのか。心は燃えても、肉体は弱い」とペテロに言う。そしてもう一度、祈りのために去り、ふたたび戻ってみると、弟子たちはまた、眠っていた、という話である。

はまちゃんは、イエスに愛された三人の弟子が、師のもっとも苦しかった一夜、「目を覚ましていなさい」というたった一つの簡単な言いつけを守ることができず、眠ってしまったということが、悲しくて、切なくて、読むたびに泣いたのだという。何が悲しいといって、なにより大事なイエス様が祈りを終えて戻っていらしたとき、一心に祈りながら「こうしてお待ちしていました」と迎えたかったろうに、どんなにかそうして差し上げたかっただろうに、実際には、眠さという非常に人間くさい、生理的な単純な欲求に負けて、寝てしまった弟子たち。自分たちが寝ていたことに気づいたとき、どれほど悔やみ、情けなさとお詫びのしようのなさに泣いたことだろう。その苦しさが思われて、小学生のはまちゃんは、何度泣いたかわからないという。自分が人一倍「眠がり」であったので、よけいにこのお話が人ごとと思えなかったのだそうだ。

聖書のこの一節は、「あなたがたはまだ眠っている」というイエスのことばをその中心とするものなのだろうが、弟子の後悔という面に心が向いて、涙まで流すというのは、決して一般的な読み方ではないはずだ。人というもののあっけないような弱さや限界というものを、大村はそんなふうにして子ども時代から見ていたのだ。不思議な子どもだった。「思うようにならないのは当たり前のことなのに、どうしてかそれが我慢ならないようになって、あれだけ教えたのにこんなだ……そういう失望のしかたが、教師の場合、少し大きいように思います。……もっと人、人の世というもの、そういうものを本気で大きく見て、そこでは多くの努力がどんなにむなしく消え去っていくものか、報われることはいかに少ないかということを覚悟して、そんなことで自分を失わないようにならないと、人の子を育てることはむずかしいのではないでしょうか。」(『教室をいきいきと1』)

大村の人生観は、こんなふうに静かな覚悟が定まった、厳しさを含んだものだった。こういう覚醒した目は、人をしんとさせる。

反対に、「報われない努力はない」「がんばれば、きっとできる」「可能性は無限だ!」というような景気のいいスローガンは、耳に甘くとどき、人を元気づけ、挫けそうな心を支える力となることもある。けれども、やってもやっても結局だめだった、ということが、ほんとうにどれほど多いことか。「実際には、どんな仕事もといいたいくらい、それぞれの仕事はだれにでもできはしない。「だれにでもできること」のできない者は、かえって劣等感が身にしみはしないだろうか。そして、できた人のよろこびをつやのないものにしてしまわないだろうか。だれにでもできたことができたにすぎない。」(「はまゆう」第2号)

だから、大村は、「安易に、やればやれるといいたくない」と言う。

こういう、人間に正対した目が奥にあるためだろうか、大村の冒頭のことばは、手軽な景気づけには決してならないけれども、もっと深いところで人を励まし、支えるのではないだろうか。

「人の見方、人生の考え方を、家庭のなかで、お母さまがしっかりと持っていてほしいと思います。子どもにとって、いちばん力強いのは、そうした、人間をしっかり見つめた、人生観の確立したおとなの存在ではないかと思うのです。そういう人が、そこにちゃんと座っていれば、子どもはたいへん幸せです。」(『教えながら教えられながら』)

私はどうだろう。人間をしっかり見つめ、人生観を確立したおとなとして、家庭にちゃんと座っているか。自問してみるが、自信がない。

❺ 見るに見かねる

（子どもが）投げやりな気持ちを見せてたり、あきらめたような、これから何十年と人生を生きる人と思えないような、退廃的な顔つきとか目つきを見ますと、私、とてもそれを見てるということができないんです。……見るに見かねるということでしょうか。それでまあとびつくという感じで、身も寄せましたし、いろんなことを、これでもかあれでもかと何かしたのです。それを考えるときに、それがいい方法なのか、だめなのか、とか、あまりそういうことを考えていたのではないのです。わるくてもよくてもしょうがないんですね。……知恵の限りをしぼって、短い時間に胸をドキドキさせて、手を打ちますね。……そういうところから方法というものは生まれてきたんですね。

（「はまゆう」第18号）

大村は、自分はもちろんのこと、子どもでも、ほんとうにやるべきこと、価値のあることと、やると決めたことに一生懸命に励み、そのためにどれほどの苦労があろうが、つらかろうが、いっとき泣こうが、それで怯むような人ではなかった。苦労をあたたかく見守る目はもっていたが、それでストップをかける人ではない。そういう点ではなんとも勇敢な人だ。

けれども、その反対に、目の前に何の苦労も苦痛もないとしても、いきいきとなにかに取り組むという気持ちから遠ざかり、投げやりな、生気をなくしてしまったような表情を見せられたとき、大村はほんとうに弱かった。「私は、自分でも異常ではないかと思うことがあるほど、ひどく辛く、じっとしていられなくなる」「度はずれ」と言っている。おろおろと、こうしたらどうか、ああしたらどうか、たとえばこれならどうだろう、と、思いつく限りの手をどんどんと打っていった。なんとか、張りのあることに出会わせたい、いきいきとした子どもであってほしい。まるで生理的とでもいえそうなくらいに切ない願いだった。誰にでも弱点はあるが、この「子どもの退廃的な顔つき」というのは、まさしく大村の最大の弱点だった。

「子どもの顔が真面目でも笑っていても、そんなことに関係なく、心の活躍している顔と、心の眠っている顔とを、さっと読み取らなければならないと思います。……何らかの手を打つのです。……「今日は元気がないなあ」などと言わずにです。そんなことを言うともっといやな気持ちになります。そんなことは何も言わないで手を打つことです……。先生は必ず動くべきです。」(『教えながら教えられながら』)

精根尽きるほど力を使えばいい、それで失敗することも一向にかまわない。見守っていよう。けれども、とにかく、子どもが心の眠ったような、投げやりな目をしていたら、もうぜったいに放っておくわけにはいかない。教師である自分は教室で、本腰をいれて子どもに向かい合って、「知恵の限りをしぼって、短い時間に胸をドキドキさせて、手を打」

っていくしかない――そうやって大村は過ごしてきた。そして、やむにやまれずに急場を打開しようとして打った手が、書斎の机の上で理屈をこね回していても決して生まれないような、不思議な突破力を持った方法だったということだ。

この「これから何十年と人生を生きる人と思えないような、退廃的な顔つき」や「心の眠っている顔」を読み取るということは、大人として相当に大切な、ひょっとしたら一番大切な、といってもいいような感性ではないだろうか。それらを察知できないで、投げやりな気持ちでいる子どもを、おとなしくしている限り誰の邪魔にもなっていないからと、ただ放っておくとしたら、それは、いきいきとした魂をもった子どもの一部分が壊死しそうなのを、放置しているようなものなのではないのだろうか。

❻ 平和

絶対平和を守るようなことをしたいと思っていますが、……お話しをしたら感激して平和の旗手になるかどうかはわからないし、……

……私のように平《ひら》の、ただの中学校の教員でありましても、必ずできるのは子どもたちに魂の底まで相手方をしらせることではないかということでした。相手を知れば、それほど簡単に憎んだり戦争をしたりすることができるはずはないと思ったんです。そんなことは迂遠《うえん》だといわれるかもしれませんが、とにかく戦うも戦わないも、戦う気にならないといったような、お互いを知っているというふうに親しみというふうなものを育てることが現場の教員にできる、ささやかな、しかし、確実な方法ではないかと思ったんです。

(『「日本一先生」は語る　――大村はま自伝』)

大村は、東京府立第八高等女学校(現・東京都立八潮高等学校)の教員として、第二次大戦の時期を過ごしている。

女学校の講堂は軍需工場になり、レーダーの部品を組み立てていた。兵隊さんの雨合羽を縫う工場にもなった。生徒たちが、黙々とミシンに向かい、だーっと縫っていく、その糸の端の始末などを、大村はしていたそうだ。

戦地へ送る慰問袋を作ることも、大事な仕事だった。慰問袋には、小さな菓子や石けんなどの日用品、子どもの描いた絵などを入れる。手紙も喜ばれたそうだ。大村は国語教師としてその慰問文の指導もした。ほんとうのことをありのままに書くことを禁じられた慰問文の指導は、つらいことであったという。

「千人針」も、その慰問袋に入れる重要なものだった。第八高女では、千枚を超える晒の布に、それぞれ千の点々をあらかじめ墨でしるし、校内放送の合図に従って全員が一針縫って、そこで糸止めを作る。合図で順次、次の人へと手ぬぐいを送っていったのだという。非常に組織だった千人針作りである。それが千回繰り返されると、千枚の千人針が出来上がるのである。この千人の手を経た千人針は、千人の思いとかけた時間という点において、価値のあるものとされて、それを持っていれば敵の銃弾に当たらない、と言われた。みながそれを信じるふりをした。せめて信じたかったのかもしれない。教師も生徒も、ひきつったような目をして暮らしていた。

昭和二十年三月十日の東京大空襲の晩、大村は宿直に当たっていた。空襲を受けた場合の持ち場が決まっていて、大村は二つの校舎を結ぶ渡り廊下に立った。バケツに水を満たし、手には、縄を束ねて柄をつけた「縄ぼうき」を持った。焼夷弾が落ちたときには、駆けつけて、水に浸した縄ぼうきで叩き消す。あの小さな、非力な、怖がりの大村が、もしもの時には、ひとりで焼夷弾と戦わなければならなかったのである。東京中が火の海になり、夜中の空が赤く染まるのを見ながら、どれほどか恐ろしかったろう。低空を飛んだ戦闘機のアメリカ兵の、思いのほか若い顔が、はっきりと見えたという。幸い、学校は爆撃を受けずにすんだ。大村は、渡り廊下に立ちつくしたまま、ただ呆然と夜明けを迎えた。生きものが死に絶えたような、異様に静かな朝であったという。

戦後、大村は新しくスタートした新制中学校の教員となる。そのまま高校の教員として残って、日常を続けていく気にならなかった。戦争を、自分の横を通り抜けていった過去のことと、割り切ることができなかったのだ。否も応もなく巻き込まれただけ、私自身も被害者である、という言い方を、自分に決して許さなかった。晩年まで、戦争中の教員生活のことを人に問われると、「私は戦争に協力しました」と、厳しい顔で言った。私は耳を疑った。なぜ、わざわざ、そんな苦しい、誤解を招くような、言わなくても済むようなことを、言うのか。

自分をことばでごまかしたり、許したりすることが、どうしてもできない人なのだ。千人針を監督し、慰問文を指導し、軍需工場で小さなハサミをにぎり、空襲の防衛に当たった、それは戦争に協力したことであった。大村は心底からそう思い、その思い出をこれ以上なくつらい、黒々としたものとして思い返していた。流されるようにそういう日常を過ごすしかなかった自分を、苦々しく、切ないこととして忘れなかった。産声を上げたばかりの新制中学に「捨て身」というほどの激しい気持ちで飛び込み、自分をいじめるような仕事の仕方をしたのも、そういう自省があったからだ。

戦後、大村は、一人前の言語生活者を育てるためにたいへん広範囲にわたる仕事をしたが、その軸の一つに、戦争への反省に基づく一群の取り組みがある。

まず、平易な、明快なことばできちんと真実を読み取ったり、語ったりできる庶民を育てたいということ。政治や報道の埒外におかれ、ただ、流されていくだけではいけないということ。

そして、ほんとうの話し合いのできる人を育てたいということ。心をひらいて、対立があっても、問題が大きくても、なんとかして話し合っていく、話し合うことの価値を知り、話し合うことに絶望しない人であってほしい、と考えていた。

もう一つが、この「知る」ということだった。「相手を知れば、それほど簡単に憎んだり戦争をしたりすることができるはずはないと思った」という。

大村の取り上げる教材には、確かに、世界各地の子どもを知る視線があちこちにあった。遠いよその国にも、私たちと同じように笑ったり、兄弟げんかをしたり、ささやかな夢のためにがんばったり、つまらないことに悩んだりする自分と同じような仲間が生きている。たいへん違いもあるが、たいへん同じでもある。そういう生きた人間が世界中に日々、暮らしている。そういう生身の具体的な人たちのことを知り、心から親しみを感じたら、ただの抽象的な、顔も名前もない、思想信条の違う鬼や畜生のような奴ら、というふうにはならないのではないか。ただの頭数だけの敵にしないですむのではないか。

大村は「迂遠」とも「ささやか」とも知りながら、中学校の小さな教室で、庶民代表といったような私たち中学生を相手に、その迂遠でささやかな努力を続けた。それが「戦争に協力した」大村の責任の取り方であった。

❼ 私に似なさい

範を示すっていうことが嫌いになったのか、非常にしなくなりましたね。……昔は、「私に似なさい」ぐらいの気持ちでやっていたんですから。

今は、「私に似なさい」なんていう態度はいけないことみたいになっていますけれど、だから子どもはどっち向いてやったらいいか、わからないのではないでしょうか。

(『教師　大村はま96歳の仕事』)

「自分で自分の道を切り開く、誰に学ぶということもなく、自分一人の力でなにかを築いていく、そういう行き方もいいでしょうけれども、師を持つ人の良さというものは、確かにありますよ。それは大きな幸せだと思いますね。芦田恵之助先生も「師のない者は育たない」とおっしゃっていた」と、大村は言っていた。実際、生涯にわたっての師をしっかと持っていた。

そして大村は私の師だ。たった半日の入院の後、大村はまが急逝したとき、私はしばらく《*》のあいだ呆然としたが、落ち着くにつれて、この「師を持つ幸せ」というものを、遅まきながらようやく実感するようになった。自分の中に、一つの信頼できる軸というか、芯というか、規範というか、そういうものが、「師」という形でしっかりと存在していることを感じるようになった。堂々たる一個の人としての師が、「私に似なさい」と言ってくれる安心感である。

大村が昭和三年、二十二歳で最初に教壇に立ったのは、信州の諏訪高等女学校（現・長野県諏訪二葉高等学校）だった。いつもきりりと白い足袋をはき、美しい口跡《こうせき》で授業を進める若い女教師は、すぐに生徒からあこがれの目で見られるようになったらしい。昼休みには生徒と一緒になって外で遊び興じたり、おしゃべりしながら小さな手鞠を作っては、子どもたちに一つずつ贈ったりしていた。授業の前には、生徒たちが職員室までにぎやかに迎えに来て、教科書やら作文の束やらを奪い取るようにして運んでくれた。そういう親しみが広がる一方で、教室では凛とした美意識に貫かれた授業をした。

ある時期、大村は書道の先生も兼ねていて、生徒全員に、それぞれの名前と住所を書いたお手本を配った。また、正月には、新しい年に「大切にしたいことば」を持つようにさせ、一人ひとりの「大切にしたいことば」を、ていねいに筆で清書して与えていた。多くの生徒が大村の書いた名前の手本と大切なことばを文字通り座右に置いて、朝に夕に眺めたのだという。それで、諏訪高女には、大村とそっくりの字を書く生徒が続出したと聞く。

「大村流」と呼ばれたらしい。卒業して何十年経っても、卒業生の間に大村流の字は残り続けているのだという。卒業生が手紙をやりとりすると、大村流の字が行ったり来たりする。

晩年の大村の仕事を手伝うようになったことで、私がいろいろな機会に文章を書くと、大村は励ます意味もあってずいぶんと褒めてくれた。「あなたの文章には、新しい時代の空気を感じる。変に凝ったところがなく、ずんずんと前へ進んでいく、気持ちのいい文章だ」と、申し訳ないくらい褒めてもらった。ところがある日、大村は、いかにも愉快そうに笑いながらこう言ったことがある。「探している資料があって、むかし書いた私の本を読み返していたらね、若い、元気な頃の私の書いた文章が、今のあなたの書く文章の調子にそっくりなのよ。ほんとうに驚いた。どっちがどっちに似たんでしょう！」……私が先生に似たに決まっている！

真似ということは、ちょっと価値のさがることというような調子で扱われることが多い。けれども、あこがれるくらい大きな存在の先生がいて、悠然とした姿で高い力量や広々とした見識を示してくれたら、それをまねることは、幸せなことで、恥ずかしがることもない。無駄にうろうろしなくてすむだけでも、どれだけうれしいだろう。

「私に似なさい」と堂々と言える教師が、それぞれの子どものまわりに一人くらいはいてほしいものだ。

私は渡し守りのような者だから、向こうの岸へ渡ったら、さっさと歩いて行ってほしいと思います。後ろを向いて「先生、先生」と泣く子は困るのです。……「どうぞ新しい世界で、新しい友人を持って、新しい教師について、自分の道をどんどん開拓して行きますように」そんなふうに子どもを見送っております。

(『教えるということ』)

❽ 渡し守り

私が生徒として初めて大村に出会った時、大村はすでに六十三歳だった。後で知ったことだが、希望して定年を延長しており、「あんなにすばらしい先生にはできるだけ長く教壇にたってほしい」という声と、「目立ちたがり屋で人と足並みのそろえられないああいう人は、早くやめればいいのに」という声と、その両方を聞きながら、覚悟を決めたような一心さで仕事をしている時期だった。年齢は高くても、また、研究活動をしていても、大村は、担任として遠足にも修学旅行にも行き、部活動の顧問もしていたのに、自分勝手な教員生活をしているというような中傷まであった。一心であることによって自分を支えていたのかもしれない。その一心さは、自分の中の甘い感傷を自分で叱りつけて否定するようなところがあって、叱られた感傷は、すごすごと引っ込み、はたからはまるでないかのように見えたかもしれない。

たとえば、「教室で私は生徒をかわいいと思ったことなどない」と言う。かわいいか、かわいくないか、それどころではない、力をつけることで精一杯でした、と言う。その発言を初めて知ったのは、卒業して二、三年たった頃だったが、私はきょとんとした。もちろん厳しい、本気の教室であったし、猫かわいがりをする人ではなかったけれども、大村先生のあの日々の姿が、かわいがることと同じなのだという実感が、生徒の側にあった。だから、「教室で生徒をかわいいと思ったことなどない」ということばを、私は不思議な思いで聞く。それは単純な事実を指しているのではなく、大村の覚悟と自律を指すことばとして聞いたほうがいいのではないか、と思う。

そしてこの「渡し守り」宣言である。「向こうの岸へ渡ったら、さっさと歩いて行ってほしいと思います」というそっけないことば！　そのそっけなさを、私は、かばってあげたいような、そのまま受け取ったふりをしてあげたいような、また、その潔さを最大限ほめてあげたいような、複雑な心境で聞くのだ。

大村は、鋭い知力と厳しい職業観の持ち主であったけれども、ロマンチストでも、寂しがりでもあった。人なつこい人であった。そういう人が、自分が職業として引き受けた国語教育という取り組みを、最大限の努力で続けていこうとすると、「先生、先生」といって慕ってくる子どもを抱き取って、その信頼のあたたかさにぼうっとしているわけにはいかなかった。三月に、あんなに濃い時間を共有した生徒たちが卒業していくと、もうすぐに四月からの生徒の資料が回されてきて、大村は授業計画を立てる一方で、全員の名前を覚えて入学式を迎える。私も、卒業後は長く年賀状しか出さなかった。結婚式に出てもらおうなどとは、微塵《みじん》も思わなかった。そういうたくさばさばした師弟関係であったのはたしかだ。

それでも、昔のお客を追い払うようなことを言うこんな渡し守りのところにも、あたたかな出来事は起きる。

東京に突然の大雪が降るたびに、早朝、大村の住んでいた古いアパートにシャベルをもってやってきて、出勤までに外階段の雪かきを黙って済ませたのは、そのころ四人の子どもを抱えた母となっていた教え子であったし、伊勢神宮の玉砂利の参道を、力こぶを浮き上がらせて車いすを押し、恩師を最奥まで案内したのは、かつての悪たれ少年であった。白寿記念講演会という晴れの舞台で大村の襟元に揺れていたのは、誕生日に教え子のグループから贈られた一粒の小さな真珠であり、また、それを見て、先生にはもっと立派な真珠をつけさせてあげたい、と志摩から本場の真珠のネックレスを贈ったのも、五十年も昔に大村に叱られて一時間も泣いたという教え子だった。

大村は平成十七年四月十七日に亡くなった。その一カ月ほど前、仕事上でミスをして、大村は自分の老いを痛感し、がくっと体調を悪くした。一時間の講演をしていて、ひとつの大きな柱に言及しないまま終えてしまった。途中で気づいたそうだが、機敏にそのミスを回復することができなかったのだ。もう講演の仕事は全部ことわってちょうだいね、と電話をよこし、しばらくふさぎ込んだ。食欲もすっかり影をひそめ、ご飯が砂をかむようだと嘆いた。

そんなある日、数日ぶりの明るい声で電話がかかってきた。明日、おちゃわん一杯分のご飯を持って、来て欲しいの、という。大村の初任地、諏訪の教え子から、ままごとにちょうどいいような小さなプラスチック容器に入れて、手作りの蕗みそが送られてきたのだった。信州にもようやく遅い春が来たのだ。今日、雪の中からふたつだけ、蕗のとうが顔をだしていた。そのたったふたつの蕗のとうでつくったから、ほんのちょっとだけれど、大村先生に食べてほしかった、と手紙を添えて。

翌朝、魚沼コシヒカリのぴかぴかのご飯を炊きあげ、大村の好物のおかずを一つ二つ作って、私は横浜に駆けつけた。その日の高齢者住宅の昼ごはんはラーメンだったから、ぜひともご飯は必要であった。体調管理のため、食事は完全に食堂のものをいただく約束になっていたが、なんとか頼み込んで、その一食だけは、部屋で自前のものを食べていいことにしてもらった。

小さな部屋にはやわらかな春のひざしが差し込み、諏訪の蕗みそがつやつやと光っていた。大村はていねいにいただきますと言うと、黙って、ゆっくりご飯を食べた。持って行ったご飯を全部食べて、「もう食欲がないなんて、言わないからね」と言った。

一カ月後に亡くなって、部屋からはたくさんの手紙が出てきた。手紙は捨てられないと言っていたので、古くは明治の消印がある。その中に、どれほど、真情のこもった、まっすぐな、あたたかな生徒からの手紙があったことか。

そっけない渡し守りのところにも、ちょっと遠慮がちに、生徒は戻った。

子ども

❾ 子どもを知る

子どもを知るということ、子ども自身より深く知るということ、親をも越えて子どもを知るということ、これがまず教師として第一のことでしょう。子どもを愛すること、子どもを信頼することを第一に挙げる方もありますが、それも「知る」ということと共にあることと思います。

（『教室をいきいきと1』）

これは、大村が退職してから全十六巻の全集（『大村はま国語教室　全十五巻別巻一』のこと。以降、解説文中ではこの書物を全集と表記）を刊行し、そのすぐ後に書いた『教室をいきいきと』という三冊本の冒頭の一節だ。全集をまとめることによって、大村自身にとっても自分のやってきた仕事の全体像が改めて見えた時期、円熟期のまっただ中に書かれた本だ。その本の最初のことばが、「子どもを知る」であったことは、大いに重視されていいことだ。大村のすべての仕事の出発点、すべての方法の拠って立つところは、「子どもを知る」ということだった。それは、子どものなにからなにまでを、こまごまと知るという意味ではないだろう。一人の人としての、内面の色合いといったらいいのだろうか。漠とした望みや満足、いらだちや飢え、焦り、自負、不安、決意、そうした精神世界の一端を、非常にくっきりと把握する、それが、大村が教育の基礎とした「知る」ということだったのではないだろうか。

この一文にはちょっといわくがある。単元学習の実践研究を共に進めてきた長年の友人が、発行されたばかりのこの本の「親をも越えて子どもを知る」ということばを読んで、「大村さん、これはいけないね」と言った。親というものが、どれほど真剣な目で子どもを見ているか。文字通りに親身に、目が離せないというくらいに、子どもを来る日も来る日も見ているのが親だ。目つきひとつで、何を考えているのかわかる。それを、「親をも越えて」というのは、いくら教師が子どもを知るべきであるとしても、少し出すぎた、あるいは教師の目を過信したことばである、ということを言った。情に篤い人らしい、説得力をもったことばだった。

大村はしょげて、以降、この文章については触れようとしなかった。大村がしょげた背景は、察しがつく。自身に子どもがいなかった。それで、出過ぎている、親はそんなものではない、と言われたときに、自分がほんとうにはわからない領域、つまり子を見る親の目というものが、大村にとってはむずかしくもあり、また、理屈だけで押し切れない弱点にもなって、黙るしかなかったのではないかと思うのだ。

私には子どもがいる。私は親である。たしかに、親として私は、その子を生まれた日から見守り続けてきて、どういうときにその目が輝き、どういうときに曇るのか、なにを欲し、なにを避けるのか、そういうことをこまごまと知っている。「ただいま」の一言で、子どもの微妙な気持ちが感じられたりもする。さすが、親である。

けれども私は、一方で、親としての自分の弱点もよく知っている。子どもをかわいいと思い、すてきな人に育て、幸せになれ、と思う、その気持ちが、見る目を微妙にゆがませる。ひいき目に見たり、逆に変に厳しく見たり、ちょっとのことが大変なことに見えたり、そうかと思えば、日常の中に埋もれて、大事なことに気づかなかったりする。愚かな親なのである。私ばかりがとびぬけて愚かということもあり得るが、でもきっと、どの親も似たようなものなのではないかと思う。

だから私は、大村が「親をも越えて子どもを知る」と言うとき、「できることなら、そうしてください」と言いたい。愛情に関しては教師にトップを譲る気はさらさらないが、知るということについては、お願いできるものなら、お願いしたい。子どもの教師に対して、愛してください、というよりは、まず知ってください、と言いたい。

この知るということを、大村は簡単に言っているのではない。たとえば、アンケートを実施して、好きなことは？　嫌いなことは？　夢は？　困っていることはないか？　そんな質問に答えさせても、そんなことは何ほどのものでもない。

何人かの子どもたちを前にして、話すことを楽しみにしていたような小さな話を心から話す。そこに一種のふんわりとやわらかな雰囲気が漂ってくると、「そんなとき、子どもがふわっと口を開きます。」そういう中で、子どもが問わず語りで語ったことばのなかにだけ、その子のほんとうの心がうかがえる、子ども自身すら気づいていないような真実が聞こえてくるのだ、と大村は言う。話の内容が、真実それ自体であるとは限らない。そうでない方が多いかもしれない。一見他愛なさそうな子どもの話から聞きとることができる本心というものがあるということだ。そういうとき大村は「私はしばらくその子の心の部屋にいるような気がします」と言っている。「心の部屋にいる」という表現に、大村にとっての「知る」ことの内実が表われているのではないだろうか。

知るということを、このくらいの深さにおいて大切にする、それはどれほどか大仕事だろう。たとえどんなに大変でも、この大仕事を投げ出さないで、一人ひとりの子どもを知る。知るべきだと考える。それが教室の大事な土台だと、大村は考えていた。

⑩ おとな扱い

子どもたちを率いていきますのには、おとな扱いにして、――ということは、私が自分の大事な、また親しい友人といろいろ意見をかわすようなとき、そういうときと同じ気持ち、態度で、話題も同じような、少しくらいわからなくても、程度の高い話題で真剣に話すということが子どもを率いることのできる方法だということを知ったのです。

(『国語教室の実際』)

大村の著作を読むと、「未熟」ということばで子どもを形容している箇所に出会うことがある。たとえば次のような例だ。

「子どもというのは、人間らしい遠慮をよく知りません。礼儀を知らないのが未熟者の未熟者たる、つまり子どもである証拠ですので、話がつまらないと、すぐに体を動かし始めたり、動かさなくてもザワザワとした雰囲気になります。それは見ていればよくわかります。だれかが飽きてくる。飽きたからいけない、というわけにはいきますまい。私の話が本当におもしろくて、長過ぎなければ、飽きるわけがないでしょう。もしも、たくさんの子どもが飽きるとすれば、その責任はだれにあるのか。もちろん私にあるとしか思えないでしょう。子どもを叱れた筋合いではない、と思うのです。」(『日本語を豊かに　―どう教え、どう学ぶ』)

「今日も非常に大きくなってきた、おとなみたいになったという気持ちがどこかにあって、誇らしき中学生なのです。そこが未熟者たるところでしょう。おとなになって、一人前の人間になってくれれば、そんなに自分に酔ってしまうことはないですね。……けれど、中学生というのは、そういうものなのです。……実際は未熟で、危なっかしいのに、その反対の気持ちが強いので、それでいろんなことが、起こってくるのです。おとなに嫌われる生意気というのも、そこから起こってきます。その気持ちにのって、程度をちょっと高くする、無理かなと思える、それが子どもの心理にぴったり合っているのです。ほんとに無理で、だめになることもあります。なってもいいと覚悟して、ちょっと上のことをやらせておきますと、それが非常に励みになります。」(『教室に魅力を』)

そうか、先生から見れば、やはり中学生は未熟者であったか……。大村教室で大事にしてもらって、生意気盛りを大いに一人前の顔をして過ごした私などは、こんなことばを読むと、ちょっと恥ずかしいような、照れ隠しにふくれたくなるような、そんな気分になる。あのころ手に汗を握りながら書いた文章も、もちろん立派に一人前という気持ちで書いていたものだが、実は、冷静にその真価を見透かされていた。次のような文章を読むと、冷や汗が出る。

「中学生なんかは一生の間で、いちばん作文の下手なときではないかと思っているのです。どうしてかと言いますと、生意気で、あまり深くものごとを考えないのに、軽率に何か言い散らすのが得意な時代ですね。あまりものを深く考えることができないのです。ですけど、いろんなことを浅く知っているのです。そして、自分らしい考えなのか、それとも人の言ったことなのか、あまり区別のつかないときなのです。」（『大村はまの国語教室』）

こんなふうに、中学生という時期の子どもを、時には少し厳しすぎないかと思うほどの容赦ない目でとらえていた大村だった。現実に砂糖の衣をまぶしつけて、見かけをつくろうようなことをせず、いくらでも本当の姿を直視できる強さと潔さが、大村にはあった。

ところが、その同じ人が、「未熟者」の子どもたちに、一人の人として、どっしりとした敬意を抱いているのだ。未熟であるのはこのとおり事実だが、それが、人としての本質的な、固有な価値を下げるものではないことに、大村はどうやら疑いの余地すら感じていない。

「子どもを侮ってはいけないと思います。年が下で、今日はわが教え子となっていますけれども、本当は、とてもかなわない、私はそういう思いでいっぱいです。……子どもへの敬意、一種のおそれをもって接しなければと思います。」（『教えながら教えられながら』）

「子どもへの敬意」「ちょっと上のことをやらせると、励みになる」、こういうことを、嫌なことばだが「教室操縦法」として口先だけで言っているのではない。もしもただの「作戦」であったとしたら、中学生はその手の作為をとても嫌うものだし、それくらいは簡単に見抜いて、冷たい反応を返すだけだっただろう。大村にとっては、クリスチャンとしての人間観が土台になっていたのだろうか。一人ひとりの子どもを深く知ろうと見つめてきた教師としての目も、そこに加わっただろう。とにかく、未熟ではあっても、大きなエネルギーと、十把ひとからげにされることを断固拒むような一人ひとり固有の生と魂をもった子どもを、ことばどおり「おそれをもって」見ていたのだと思う。

大村が、生徒をほんとうに友人待遇にしていたことは、生徒にも伝わっていた。話をするときにはいつでも心を開いて、手加減せずに本気になり、小手先であしらうというふうが微塵もなかった。中学生を相手に、あまりに本気なので、ちょっとユーモラスなくらいであった。どう見ても格上の大人が、本気になって相手をしてくれている、それが子どもを捉えるのかもしれない。

「子どもたちを率いていきますのには……」と言っているが、参観者の集まる研究授業のときなど、本当に、私たちは大村に率いられた大村組の子どもたちであった。あれはなかなか気分がよかった。

⓫ ニコニコなんてしていられません

少年期の終わりから青年期には、始終むずかしい顔をして思いに沈んでいるときがあるはずです。そうでなかったら、成長できるはずがない。一年中、ニコニコ笑っているわけにはいきません。本気で考えるときにはニコニコなんてしていられません。

（『教えながら教えられながら』）

このことばを読んで、つくづく考えさせられた。確かに、むずかしい顔をして思いに沈むというような時期を経ずには、人は大人になれないにちがいない。一年中、ニコニコ笑って暮らして、それで、無事にサナギが蝶になれるほど、たいていの人にとって人生は甘くない。それなのに、時代は、軽妙で明るくくったくのない若者像ばかりを表へ押し出すから、そういう気分になれない人ははじき飛ばされてしまう。ふさいだ顔をして外に出るのは、なんとも居心地が悪い。

大村は、前にも書いたとおり、きかん坊で、また、家族の間ではおこりん坊とも言われたらしい。時は大正ロマンのただ中であり、文化的な家庭にとって、子どもの笑顔というのは、やはりたいへん重要な要素になっていたに違いない。少女期の自分のことをこんなふうに書いている。

「私はそのころ、俗に言う『おこりんぼ』でして、すぐ怒ってしまうんです。機嫌が悪くなるんです。それは母の苦労だったろうと思います。……私はおこりんぼながら、おこりんぼであることが気になっていました。これじゃいけないなあ、って気持ちが、子供ながらにありました。そしていつもにこにこしていることに憧れていました。……あんなに悲しく思いながら、どうしても、自分のイライラとしてくる気持ちを抑えきることができないということが、多かったのです。……みんなに素直な子だって言われたら、どんなにいいかと思っていました。……当時の自分を、今思い返してみますと、なんとなく涙ぐましく思われます。……歯を食いしばるような気持ちで、怒らないように、いやな顔をしないように、努めた気がします。」（『学びひたりて』）

人一倍、感受性が豊かで、正義感の強い、しっかりものの少女にとって、納得できないこと、素直にばかりいかないことはどれほど多かったろう。それに加えて、「おこりんぼ」であること自体がつらいというのだから、かわいそうなはまちゃんだった。

そういう時期を経て大人になった大村であるから、「少年期の終わりから青年期には、始終むずかしい顔をして思いに沈んでいるときがあるはずです」ということばには、心からの共感と同情があるのだと思う。「でも、私は概して、その後もおこりんぼだったのではないかと思います。近年は、「おこりんぼ大好き、おこりんぼには良い人が多いんだ」と言って、生徒をびっくりさせたことがあります。また、「この世の中で何も怒りたいことがないなんていうのは、一生懸命生きていない証拠だ」と言って、生徒を驚かせたこともあります」（『学びひたりて』）とも言う。

ニコニコ強迫症とも言えそうな今という時代の中で、多少なりとも無理をしている子どもたちを、こういう大村はまに出会わせてあげたかったなあと思う。「本気で考えるときにはニコニコなんてしていられません」なんていうことばを、大村のあの大まじめな本気な調子で言ってもらったら、きっと、どんなに励まされるよりもうれしいだろう。

⓬ 子どもたちが参るような

女の先生だと思ってばかにして騒ぐというようなとき……「静かにしなさい」とか「何しているんですか」とか、そういうことを言ったのではだいたいだめなんです。そういう子どもはもう知らぬ顔をしておくのがいちばんよくて、そういうときには、クラスには必ずしっかりした子どもたちがおりますから、そのしっかりとした、それも男の子たちに着目して、その子たちが参るような、ほんとうのいい授業をすることなんです。そうしますと、その子たちが満足を覚えますね。そうなるとその子たちが必ず騒ぐ子どもたちを静めてくれるものなのです。なにを言ってくれるというのでなく、雰囲気で騒げなくしてしまうといったらいいかもしれません。

騒ぐほうをいっしょうけんめいしかって、ヒステリーみたいな声を出してやりますと、そのしっかりとした男の子たちが、つまらなくなり、……そむいていくわけです。

（『国語教室の実際』）

教室の生きた呼吸がわかるようなことばだ。なるほど、と思う。

しかし、である。なにゆえに「男の子」か、「男の子」限定か、と、元女の子であった私は、思うのだ。なぜ「そのしっかりとした、それも男の子たち」なんだろうか。なんとなく悔しい。

大村が、亡くなるまで掌中の珠のように大事にしてきた教室の物語の主人公は、なぜか男の子が多い。

読書論をいくつも読んで、自分たちの読書生活を振り返り、本について、読書についての見識をみがくという単元を終えたときのこと。遠慮がちに、静かな声で「大村先生の読書指導は、ちょっと、古かったのでは、ありませんか」と言った男の子。

文法のような分野に単元学習は向かない、という常識があるなか、一念発起して、工夫に工夫を重ね、十分に練り上げた文法の単元を作った。大村が夢中になってリードして、やはり思ったとおり、文法でもこんなに生き生きとした学習ができるのだ、と満足して終えたとき、「ストレートに教えてください」と要望してきた男の子。

老人の日（敬老の日の前身）に、五十歳を目前に、老いを感じ始めた大村が「今日は老人の私を悲しませるようなことをしてはダメですよ」と、半分いたずらのような気持ちで言ったとき、最前列から大きな声で「老人って思ってなあいもん」とすぐさま返した男の子。

そんな話はまだまだある。どの逸話にも、大村をはっとさせることばを持った、真っ直ぐなまなざしを光らせた男の子がいる。

自分のことを考えても思うのだが、どうも、女の子は、相手の期待の幅の中で、自分の言動を決めるようなところがあるのかもしれない。良い関係を維持したいと思うと、無意識にかもしれないが、相手の意に添うということを考える。これなら喜んでもらえるだろうか、というような規準を相手の中に探りながら、対応していく。

他方で、男の子は、そういうふうに相対的に自分を決めていくというようなところが、少ないのかもしれない。無骨に自分の立ち位置からものを言うような、そんなおもしろさがある。だから、女の子のしっかり者と、男の子のしっかり者では、できる仕事に差が出てくるのではないだろうか。

大村は、自分の考えの幅を悠然と裏切るような男の子を、ほんとうに、おもしろく、楽しみに見ていた。とくに、学ぶ人として、考える人として、自分を乗り越えていくような声が聞かれると、驚きの一瞬後には、頼もしく思い、心底よろこんだ。

　こんなおかしな男の子の話もある。ある年の公開授業の日、遠来の先生方にふるまうために、大村は、当時出始めでまだ珍しく、高価でもあったブドウ、巨峰をたくさん用意した。あまりにたくさんだったので、余ってしまった。それで翌日、あるクラスに切り出した。「秘密を守れる？　ぜったいに守れる？」もちろん生徒は目をきらきらさせて「守ります、守ります！　何？」。胸で十字をきって秘密を誓った子までいたという。それで、大村は生徒に巨峰を配った。「さ、今、ここで、食べてしまいなさい。教室から持ち出しちゃだめよ！」甘い甘い大粒のブドウに、もう子どもたちはとろけるような顔をして、うれしそうに、おいしそうに、食べたらしい。一人三つ、四つはあったらしい。それを見ていた大村は、どれほどうれしかったろう。

　さて、無事食べ終わって、ご機嫌で授業に入った。みんな、終始ご機嫌な一時間であった。で、授業が終わって、解散ということになった時のことだ。一人の男の子が、にこにこにこ、笑みがとまらないような顔をして大村のところにやって来た。手のひらで、自分のほっぺたをぽんぽんとたたく。「そうね、ほんとうにほっぺたが落ちるほどおいしかったわね」と大村がいうと、男の子はひときわ大きくにっこり笑った。何人かの友だちが取り囲む中で、彼は、おもむろに、口から大きな巨峰をとりだしたのだ！　みんなの驚きの視線の中で、ゆっくりと、一時間大事に口にしまっていた巨峰を食べたのだそうだ。

中学生にしてみれば飛び抜けて非日常の、この日のうれしいできごとが、約束通り、一言もクラスから外に漏れずじまいだったことを、大村は、誇らしいような、ありがたいような、複雑な気持ちで受け取っていたものだった。漏れていれば「国語教室のぶどう」はやっかいな問題になりかねなかったが、大村教室の生徒たちは、職員室で大村が困るようなことはしない、という、なかなか頼もしい同志であった。その点では、男の子も女の子もなかったかもしれない。

そうだ、女の子が主人公の話もないわけではない。

退職前年のこと。「私の本」という書き込み式の文集を、大村が作った。思わず書く気を誘う工夫がどのページにもほどこされていて、さまざまな種類の、テーマの、着眼の文章が自然と並ぶようにできている。大切な注意などは、生徒が自分で見ればちゃんとわかるように、要所要所にさりげなく示されている。ああ、それなのに！　新しいその取り組みがうれしくて、大村は気持ちが弾み、ついつい長話をして、言わなくてもわかるはずの注意や説明などを加えてしまった。で、ようやく話が終わってこれでやっと個人作業に入れる、というときに、ある女の子が言ったのが、「ああ、うるさかった！」。

勇敢な女の子もちゃんといて、大村のコレクションに花を添えた。

⑬ 気がすまないのです

生徒というものは、先生を試すものです。……

……先生をいびって、快感をおぼえたいという欲望があってやったことなのですから、こっちが多少傷つかないと、気がすまないのです。……

ちょっと傷ついてやってください。具体的には、ちょっと見るといいのです。こわい顔はしないで、ちょっと見るんですね。多少傷ついたということを、ちょっと知らせて、そしてあとは知らん顔すればいいのです、それ以上のることはありません。

……学習記録なんか、骨が折れるでしょう。カタカナで「オオムラセンセイシネ」と書いてあったことがあります。（『教室に魅力を』）

学校は夢の文化の国ではない。おとなの社会といくらも違わないような現実が、学校にもちゃんとあり、多くの教員が、教科を教えるということ以前に、子どもを率いることに大きな問題を抱えている。そういう人から見ると、大村の実践は、立派だともすごいなとも思うけれども、かけ離れた、別の世界のことのようにしか見えない、ということがあるようだ。そもそも、時代が違う。二十一世紀の今、教育や教養への敬意がさらに下がり、おとなを権威と認めない子どもが増え、家庭もあてにできず、教師の行動もこまかく規制されている、授業時数も大きく減った。そういう中では、非常に文化的な雰囲気の大村教室は、遠いあこがれにはなっても、あまりに遠すぎて、手本にも参考にもならない……。

時代が違うということを、歯をくいしばってでも、言いたくない。もちろん、違うのは事実だ。時は移り、社会環境は変わっていく。けれども、「時代が違う」と言ってしまったら、重要な指針となる可能性のあった実践は、その瞬間に音もなく遠くに去り、博物館のガラスの向こうの展示品になってしまう。私は、強情に、頑として、時代が違うとは言わない。

大村は、ずっと一教員として、その時代その時代の困難の中にいたといっていい。昭和二十年代には、間借りはおろか、畳借りという家庭環境も見、自身も母親と共に学校の物置に住んでいた時期があった。万引きが多発し、教師が頻繁に警察に出入りするという環境にもいた。そういう中で、大村は、教師の本来の仕事は「教室で教える」ことであって、だから、存在意義の中心も誇りの中心も、授業にあるのだということ。子どもたちも、一日数時間も過ごす学校という場にいて、大半を占める授業それ自体がおもしろく感じられなければ、他でどう楽しませようと、心からは満足しないこと。なぜなら、どんな子どもも、分厚い夾雑物《きょうざつぶつ》の下に、わかるようになりたい、いろいろなことができるようになりたい、という意外なくらい健気な気持ちを、本来的にもっているのだということ。この三つのことを、揺るぎのない信念として持っていた。戦後の混乱をしのいだ人だから、その揺るぎのなさは筋金入りである。

事実、大村は、いい授業をすることで、子どもをしっかりとつかんできた。あの、大まじめな、骨身を惜しまない、一心な姿を見ると、子どもでも、気持ちが少し静まってくるような感じがした。そういう感性は、「子どもでも」ではなくて、「子どもだからこそ」なのかもしれない。身を粉にして自分たちを教えようとする人、空虚に命令するのでなく、手をひいて高いところに連れていこうとする人、たてまえでものを言わず、心からの声を出す人、考える面白さ、わかる面白さを、チラッとでもほんとうに見させてくれる人。そういう人の前で、荒れる気持ちや不満な気持ちが、少し凪ぐ。

万引きが横行した中学で、大村は担任として一度も警察に呼ばれることがなかった。「おはまさんがポリ公にぺこぺこ頭を下げるのは見たくねえよな」と、やんちゃ仲間が申し合わせ、卒業まで万引きを控えたという（卒業後どうしたか、ちょっと気になるが……）。あの小さな、全身が勉強の固まりのような、きたないところのまるでない明治女のはま先生に、つまらないことで頭を下げさせたくない。しかも警察で。これは彼らの義俠心である。その義俠心を呼んだのは、大村の教える姿だった。

冒頭のことばは、それでもいろいろなことがあったのだなあ、と感じさせる。「先生をいびって、快感をおぼえたいという欲望があってやったことなのですから、こっちが多少傷つかないと、気がすまないのです」という言い方に、おとなとしての少々のことでは慌てない落ち着きと覚悟が感じられるし、また、子どもの気持ちへの理解を見てとることができる。シネなんて書かれれば、もちろん不愉快な気持ちも寂しい気持ちもとっさには抑えられないわけだが、それを自分の中で処理して、感情的にダイレクトに子どもに返すことはしない。だが、その一方で、すべての感情を自分の内側で納めてしまって、なにも反応しない、平気な顔をするというのでは、子どもとしても満足できない。憎たらしさが増すばかりになる。人と人として向かい合っているのだから、一方が傷つけたら、一方は傷つく。それが不自然に隠されたらかえってよくない。コントロールした球を投げ返すようにして、「シネ」ということばに読みましたよと「✓」印をつけて「多少傷ついたということを、ちょっと知らせて」というのである。

ああ、そんな反抗はかわいいもんで、今はそんなもんじゃありませんよ、という声が聞こえてきそうだが、時代が違うと言ってはおしまいだ。

⑭トラの子

子どもたちは、つたないものなのでして、……あのことを言いたいと思ってトラの子のようにたいせつにしておりますす自分の考え、それを今言えばいいと思うときに案外言わないことがある、それからまた言うチャンスを失う、そういうことがありますから、話し合いのときは……どの子どもの場所へも先生が非常に機敏に行けるように席を作ります。

……「あのことを今言いなさい。」というカードを渡せばいいわけです。

（『国語教室の実際』）

大村は、授業中、生徒がそれぞれ自分の仕事に取り組んで、読んだり、書いたり、考えたりしているところに、軽い小さな木の椅子、昔の木工室にあったような素朴なつくりの椅子をもって、静かにくるくるとよく回った。歩きながらさっと記録を読み取って、必要を感じたら、椅子を子どもの隣に置き、座って、抑えた声であれこれ教えた。マメにしじゅう回るので、どの生徒の学習記録の内容も、短時間で読み取ることができた。七十四歳で教師を辞めることを最終的に決断したのは、目が悪くなって、立ったまま子どものノートを素早く読み取ることができなくなったことに気づいた、それが自分への引導となったと聞く。

子どもの仕事ぶりをそうやってつかみながら、発表会の組み立てを構想していく。その中でそれぞれの子どもがどういうかけがえのない位置を占められるか、発表会にどんな貢献ができるか、それを把握していく。時には「これは、ぜひ報告なさいね」「このことは、みんなに教えてあげて」などと声をかけておき、また、さらにその報告が引き立つような、先生のとっておきの視点などを授けることもあった。

さて、それでいざ発表会という段になったときだ。「子どもたちは、つたないもの」で、せっかくあんなにいい材料を持っているのに、流れからすると、ちょうど今がそれを言うべきときなのに、それを今言えば、話し合いや発表がぐっと深まるのに、面白くなるのに、なぜだか言わない、ということがあるわけだ。今がその時、ということを機敏につかむことはむずかしいし、また、「今だ！」というその判断ができることこそが、一つの力であって、この場面にこの情報を提出する、ということの価値が、実は大村からは見えても生徒側からは見えないこともある。また、もちろん、話の流れにすっと切り込むのは、容易なことではない。

それで、大村はそういうときに、「今があれを言う時だ」というサインを子どもに出していたのだ。口頭で言うこともあり、カードを黙って示すこともあった。私もそういう合図をもらったことがある。そのときは、自分にとってもタイミングが意外で、「今、ここで、私のあの材料を出すんですか？　え？　本当に？　今なの？」と思った。それは、キツネにつままれるようでもあったし、面白いことでもあった。参加者の一人としてひとつの発言を加えていくことが、答えは一通りと決まっていない創造的な働きかけなのだということが、一瞬きらっと伝わるような、そういう刺激があった。

　大村自身が、まだ四十代の頃、初めて出演したラジオ番組の座談会で、いかにも頭の回転の速い話し手と一緒になってしまい、だんまりとなってしまったことがある。何しろラジオなので、黙っていると、そこにいないのとまったく同じになってしまう。国語教育の現場人としての発言を期待されて参加しているのだ、ぜひ発言すべきであるし、もちろん言いたいことはたくさんあった。でも、おそらく一秒以下というような一瞬のタイミングで、話に入り損ねてしまう、一度逃したタイミングはもう後からはどうしようもない、そういうことがしばらく続いた。とうとうプロデューサーから「遠慮せずに、話に割り込んで下さい」というメモまで回ってきたそうだから、よほどのことだったのだろう。大村は、あせり、情けなく思い、静かに冷たい汗をかいていた。そのとき、隣に座っていた国語教育界の先輩、石黒修《よしみ》さんが事態に気づいた。そして突然、ここ、という瞬間に、後ろに回した手で、大村の背中をくいっと押したのだ。今だ！　言いたいことがあるでしょう、いい種をもっているでしょう、口を開けっ！

まるで腹話術の人形のように、その押された手に反応して口が開いて、大村は発言のタイミングを得たのだという。温情の手の温かさを大村はその後、何十年と忘れなかった。背中に今でも感じられる気がする、とずっと言っていた。その石黒先生の役を、大村は生徒にたいして引き受け続けたのだと思う。

でも、ほんとうは、この文章について私が一番言いたかったのはそのことではない。トラの子、のことである。

教師が四十人ほどもいる子どもの一人ひとりのノートをのぞき込んで、あっちでもこっちでも、相談にのりながら、どの子も「あのことを言いたいと思ってトラの子のようにたいせつにしております自分の考え」を持っていることを知っている、そういう教室であったことが、なんだかあたたかく胸に迫ってくる。一匹ずつ大事そうにトラの子を胸に抱いて、光った目をして立っている子どもたちと、それをしっかりと見守る教師のいる教室の光景が、不思議な、強い魅力をもった絵として目に浮かんでくる。

その四十匹のトラの子の顔を、大村はそれぞれにちゃんと見知っていて、また、トラの子を抱く四十人の人の子のそれぞれのうれしさも誇りも、大村は知っていたのである。

ことば――話すこと　聞くこと

⑮ 日本語

くだけすぎたことばでなければ親しみが湧かないということは、情けないことのような気がします。日本語は、そんな情けないことばかと思います。くずれすぎないで心から話していきたいと思います。

（『教室をいきいきと1』）

ことばの品格、美しさということについて、確固とした態度があった。どんなに親しい人に対しても、どんなにくだけた場面でも、たとえ酒宴の席でも、大村の話す日本語はある美しい規準や調子からはずれなかった。絶対に使わないことばというのが確実にあった。そういうことばをもし何かの加減で使ったとしても、きっととてつもなく似合わなかっただろう。美意識の枠の中で話しながらも、あたたかさや人懐っこさ、茶目っ気、たまにふざけたい気分なども、ちゃんと表現できていたところが、ことばの力なのだろうか、それとも個性の問題だろうか。国語教師の謹厳一点張り、融通の利かない浮き世離れしたことばづかい、というふうにはならなかった。

子どもたちが、ていねいなことばは、よそよそしい感じではないか、などと言うと、荒いことばでなくては、心の触れあいができないとは思わない、自分は国語の教師として、最も適切な正しいことばづかいをしていきたい、それが皆さんとの親しみを傷つけるとは思えない、と言った。凛とした、かっこいい保守主義だった。

大村の晩年の十年ほど、私はさまざまな手伝いなどをしながら傍らで過ごしたが、その間に、二度、大村が本気で私に詫びるということがあった。

一度は、地方の研究会に出かけ、空いた時間に車椅子で町の散策をしたときのことだった。昔の城下町の入り組んだ小道を、曲がり角の先に何があるのか、楽しみにしながらゆっくりとたどり、出くわした漬け物屋で試食をしたり、昔ながらの判子屋さんで思い出にと印鑑を買ったりするのが、それは愉快だった。幼稚園の園庭をフェンス越しに眺め、園児にちょっと手を振ったりもする。そんな最中に大村のハンドバッグが置き引きにあった。私が傍にいてそういうことが起きたら、それは、もちろん私の責任である。バッグがない！　と気づいたとき、何カ所か立ち寄った店などに、くしゃくしゃのレシートを見ながら電話をしたが、指が震えて、どうしてもどうしても携帯電話のボタンが正しく押せなかった。バッグには多額の現金やクレジットカードに加え、心臓の持薬、帰りの新幹線の切符も入っていた。私はたぶん真っ青だったろう。半分べそをかいたような顔をしていたと思う。そのとき、ショックのためにしばらく無言でいた大村が、静かに「ごめんね」と言った。「あなたのせいじゃないのよ。私がいけなかった」と。

二度目は、亡くなる前の年のことだ。八月の中旬、大阪に講演のために出かけることが決まったが、私にとってはその直後の三日間ほどが、その夏休み中に唯一、家族三人がそろって行動できるチャンスだった。思春期を迎えた娘と、久しぶりにゆっくりと話をしながら旅がしたかった。貴重なチャンスだと思われた。それで私は、大阪で大村と別れ、以降は別行動とさせてほしいと申し出た。後にも先にも、そんなことをしたことはなかったのだが、親しくしている女性編集者が私の代わりに帰途を付き添うと承知してくれたので、私は思い切って言ってみたのだ。

そうしたら、大村は明らかに落胆し、また憤慨もしたようだった。老人施設にはいっていた大村にとって、旅はほんとうに特別なものだった。ふだん会わない人に会い、おいしいものを食べ、珍しい景色を見る。新幹線に隣どうしで座って、ふだんよりすこしはしゃいだ調子で話しながら、車内販売のカートを呼び止めてコーヒーを買い、凍りすぎてコチコチのアイスクリームを食べる。「ほら、先生、富士山、富士山！」そんなことまで、大村の大きな楽しみだった。それがわかっていながら、私は、旅の後半をほっぽりだして家族旅行に行きたいと言ったのだ。大村が即答できなかったのも、無理はない。ぎこちない沈黙の後、それでもなんとか承諾してもらった。

その日の深夜、電話がかかってきた。「ごめんね。……旅行のことよ。気持ちよく、すぐに、さっと賛成してあげられなかったのは、ほんとうにいけないことでした。ご家族の大事な計画を、いい大人ならば即座に、大いに、喜んであげるのが当たり前なのに、私のわがままでした。ごめんね。」

あの二度の「ごめんね」は「ごめんなさいね」ではなかった。イントネーションも、すらっとした標準語の「ごめんね」とはちょっと違った、ふしぎな雰囲気だった。「め」の音がちょっと高くなっていて、どこかの方言のようにも聞こえた。ただの、いつもの、ふつうの「ごめんなさい」では間に合わなくて、大村が精一杯くずした、特別仕立てにした「ごめんね」だった。

二度とも、ちっとも「ごめん」じゃなかったのに。「ごめんなさい」は私だったのに。

⑯ ことばというのは

ことばというのは、一つ身についたときに、ぱあっとどこか生活の一場面というか、人生の一場面というか、人間の一部分というのか、そういうところが開いていくような気がいたします。

そして、ことばはたった一つですけれども、ほんとうにわかったというときには、私はたしかに心がそれだけ太ってくるし、また、おおげさな言い方をすれば、人生の一部がほんとうにわかっていくのではないだろうかと思います。……ことばはほんとうにそういう力のある、人間というものを開いて見せる窓というような気持ちがいたします。

（『大村はまの国語教室』）

ことばは不思議だ。ことばにしなくてもあるものはある、物でも心でも考えでも、存在はするのだけれども、ことばにしようとして見つめなおした途端に、くっきりとした輪郭が見え、他のものから立ち上がってくる。それがひとつのことばと絶妙に結びついたとき、ひとつの光景として人生の一部分にがっちりと組み入れられる。大村が「おおげさな言い方」と思いながら言っているこの冒頭のことばが、私には本当に合点がいく。それは、中学生だった頃に、大村教室でそういう言語観の洗礼を受けているからだろうか。

ことばがほんとうに身に付いた感触を教えるために、大村は、ていねいに、入念に、いかにも大切そうに、ことばを教えた。すべてのことば一つ一つをそんなふうに教えたわけではない。そうするにはあまりに時間がなかったし、他に教えることが多すぎた。そしてまた、その必要もなかった。いったんことばをほんとうに呑み込む感覚をつかむと、ことばを勉強することはけっこう面白いことで、大村教室の生徒は自分からことばに向かっていくような元気があった。

一つの例を挙げてみよう。この小さな実話は、大村があることばを、その辞書的な意味のみならず、雰囲気や微妙な手触りまで含めて、丸ごと「人生の一部」として伝えるために、話したものだ。記憶をたよりに再現してみる。

「熊の胆《イ》」

私（大村）は、小さい頃、どうも体が弱くて、咳が一年も止まらなかったり、目が急に見えなくなることがあったり、とにかく母に心配をかけていました。いつもはおしゃべりはまちゃんなのに、ふと静かだなと思うと、具合が悪い。具合がどうも悪いなと思うと、むっと黙りこくって、おこりんぼはまちゃんになってしまう。そんなふうでした。

そのころ、近所に、そのあたりで○○さんの奥様と呼ばれている、いかにも堂々とした、貫禄のあるご婦人がありました。わたしの、あの何でもできるすてきな母でさえ、この奥様の前ではなんだか娘みたいに、ちょっとおとなしくなってしまうのです。

ある日、その奥様が「はまちゃんはいるかえ？」と玄関に訪ねてきました。この子のような体のたちに、たいへんよく効く特別な薬が見つかった。熊の胆といって、冬眠前のツキノワグマのタンノウをていねいに干したもので、めったに手に入らない。ほんの少量をなめれば、丈夫になるが、とにかく、とんでもなく苦い。けれども、ほんとうにめったに手に入らない、いい薬なんだから、我慢して呑むように、と言って、なんだかひからびたような恐ろしげな真っ黒いものを下さったのです。

どれほど、苦いのだろう。ツキノワグマの何なんだろう、どうしてこんなに真っ黒なんだろう。奥様の重々しい話を聞くほどに、はまちゃんは小さくなって、いつもはあんなにじっとしていることも黙っていることもないのに、別人かというほど、じいっと、固まったように黙って、お母さんの隣に座っていました。

この、権威ある奥様の前で小さくなって、苦さを想像してちぢこまるはまちゃんの様子を、どんなことばで表現するか、ということだ。

大村が教えたかったことばは「神妙」である。はまちゃんは、ふだんの元気はどこへやら、「神妙に」お母さんの隣にすわっていたのである。ふむ、なるほど、と思う。ちなみに広辞苑をひくと、神妙の語義の③が「すなお。おとなしいこと。「上司の前では―にする」「―な態度」」となっている。辞書の限界というものが思われる。

そしてこの「熊の胆」の話には、もう一つ、面白いしかけがある。「妙薬」ということばが隠されているのだ。「神妙」「妙薬」、妙という字義に目が行く絶妙の教材だ。

こんなふうに、人生の一つの光景を印象的にとらえたスナップ写真を添えるようにして、大村は、生徒に、含みのある、ひろがりのある、面白いことばを教えた。それは、たった一つのことばの伝授であっても、実は、もっと意味のある、長続きのするエネルギーをもらったのと同じだった。ことばへの関心である。大村教室の生徒たちの多くが、ことばが好きだった。ことばを見つめたり、味わったり、違いを考えたりするのが、楽しくて、好きだった。

⑰ 一番先に浮かんだ言葉

一番先に浮かんだ言葉は使わないこと。たぶんそれは自分の癖だからいつも同じことを言っていることになる。

（『大村はま国語教室の実際　下』）

ふと気が付くと、まるで自動ことば発生器になったように、しゃべっていることがある。ほとんど脳の深い部分にまで相談せずに、反射とそう変わらない程度の表層のところで処理をして、なんだかぺらぺらと話している。それでも普通に、なんの不自然もなく、会話が成り立っている。反射のように、単調なピンポンのゲームのように、右へ左へとことばを交わしていくことに慣れすぎると、ことばはどんどん軽くなって、ピンポン玉よりも軽くなって、実際の意味などほとんど持たなくなるような気がする。無視していませんよ、適当にうまく付き合っていきたいですね、という安全信号としてことばが行き来する。そういう信号を発することは、社会で生きていく上で大事かもしれないけれども、ことばになんの重さも真実もないことがむなしい。

大村は、自動ことば発生器とはちょうど逆の向きのことを、普段から考えていた。おそらく、ことばを自動的に繰り出すということを、ほとんどしなかったろう。そういうふうにことばを使うことを、拒否していたと思う。必ずいったん自分というフィルターを通す。自分のことばの感覚を通過させ、そこで調べ、比べ、選び取ったことばを、表に出していたにちがいない。こうして書くと、ひどくややこしいことのようになってしまうが、そんなことはない。それがおそらくことばというものの本来的な姿だろうし、人はもう何千年もそうやってことばを使ってきたに違いない。できないはずはない。

「一番先に浮かんだ言葉は使わない」ことの理由として、最初に浮かんできて何の苦労もなく口からこぼれそうになるようなことばは「自分の癖だから」といっているが、それは「集団の癖」だったり「社会の癖」だったりもする。その癖を使うと、楽ができるし、安全だけれど、いつも同じことを言っていることになる。型にはまってしまって、そういう陳腐な月並みなことばは、なんの痕も残さずに人の耳をすり抜けてしまう。もっとまずいことには、ノーチェックで自動的に出ることばは、自分の心、考えをほんとうには反映していないことが、たいへん多い。だから、自分の側から、癖を破るのだ。大村はそうしてきた。大村の言うことばは、安易に型に乗っかるというところがなかった分、時に理解するのに努力を要し、また時には会話のリズムがとりづらかったりもしたけれども、しっかりと心を運んだ。人の耳と心をとらえた。

自動的に出てくるような型にはまったことば、「それだけは飲んで言わない、他のことばで言いなさい」と大村は言う、この「飲んで言わない」というのは、大村が自分でやっていることを、自分の感覚に即して言ったことばで、とても面白い。最初に思いついたことばを、口から出る前に、ごくんと飲み込んでしまうのだ。飲んだ後に二番目のことばを探す。一の次の二なら容易に見つかりそうなものだが、そうでもない。いったん癖や月並みにノーを出すと、そこからは自分のオリジナルな領域が始まって、一仕事になる。たぶんその一仕事が、ことばに力を与えるのだ。

『教師 大村はま96歳の仕事』という本を出したとき、週刊誌「女性セブン」が大村を大きく取り上げた(そのとき、大村の長年の友人たち――多くが謹厳な、年配の元教師だ――が、照れながら、生まれて初めて、それこそ決死の思いでレジに派手な表紙の「女性セブン」を持って行ったのだという。どうせ買う苦労をするなら、友人の苦労を省いてやろうと、数冊買った剛の者もいた。自分が「女性セブン」を買う日があろうとは思わなかった、と老紳士が、困ったような面白がるような顔で語ったのが懐かしい)。その時の取材の担当が若い編集者だった。インタビューを終えたとき、彼はその短い時間のうちに大村に惹かれたようで、帰り際に、まるで学生のような率直な調子で「ぼくに何か一つ、勉強のてびきをください、守りますから」と言った。そのとき、大村がちょっと考えた後に授けたのが、この「一番先に浮かんだ言葉は使わない」というルールだった。彼はこのルールをたまには思い出して実行しているだろうか。

⑱ 空々しい答え方

ほんとうに空々しい答え方というのでしょうか、分かり切っていることを分かり切った調子で得々と言ったりするのは、避けなければなりません。そんな話を、片方でうつろな顔をして聞いていたりするのを見ると、ほんとうにそこが人を育てる場なのか、何なのかという気がしてたまりません。

(『日本の教師に伝えたいこと』)

「つまらないことを聞くと、真実のことばが言えなくなる。それからあんまりむずかしいことや、あんまり考えられないようなことを聞くと、何か言わなければ悪いと思う子どもが優等生のなかにいて、その優等生が何か言わなくてはと思って、けなげに何か言う。けなげさはいいとして、そのとき、ほんとうの心を、心から伝えるという態度ではなくなってしまう。何か言わなければ悪いと思って言っているのであって、そういうのは真実のことばではない。そういうことばを平気で使うような教室にしてしまうと、もう教室は死んでしまう」（『日本の教師に伝えたいこと』）

大村にこう言ったのは西尾実である。

一人の人としてほんとうの心を、腹の底から話す。真実のことばを言う。――西尾の言おうとしていることが、なかなか伝わらないほど、ことばはもう当たり前のように表層のところでさまざまな仮面をかぶって行き交っている。真実のことばって何の話？　宗教の話？　なにか道徳的なありがたい話？　そんなふうに聞き返したくなるくらい、この真実のことばというとらえ方は、単純に手の届くところにはない。いつだって別にうそをいっているわけではないのだけれども、それじゃいけないんですか？　と聞きたくなる。

教室で、「この文章についてどう思いますか」などという問いが教師から出る。「〇〇の気持ちがよく出ていると思います」「〇〇がよくわかります」「〇〇の光景が目に浮かびます」そういった発言が子どもから出てくる。大村の観察によると、そういうときに子どもが使う表現はせいぜい十種類くらいらしい。型を心得て、それに適当に当てはめて「分かり切っていることを分かり切った調子で得々と」言うだけになってしまうということが、往々にして起こる。先生が聞いているのに、黙っているわけにはいかないので、ちょっと思いついたことを、こんなふうに言っておけばいいかな、というような調子で言う。そういうことばは、「言えば言うだけ真実のことばから遠くなるのではないかという気がします」と、大村は言う。

そういう意味では、優等生型の子どもほど、早くに真実のことばから遠ざかるのかもしれない。教師の胸の中の正解を探りながら、これで正解かな？　と発言していく。状況と要求に合うことばを見つくろって、言う。自分がどう受け取ったか、どう感じているか、というところからことばが出ていない。それも仕方がない、もともと教室で求められているのが、そういう答えなのだ。とはいえ、言えば言うだけ遠ざかるというのは、そらおそろしいことだ。いわゆる「優等生」というのが、生き生きとした固有のその人らしさというものから遠いようにイメージされるのは、こういう事情なのかもしれない。だとしたら、真面目に教室の要求に応えようとして、空疎なことばを連ねる役割を負った優等生は、気の毒なことになる。「優等生」や「いい子」が、思春期に大きな葛藤を抱えることが見られるのも、こんなところから自分とことばとの乖離《かいり》が始まっているのかもしれない。大きな潜在力をもっているはずのそういう子どもたちに、どうしたら、真実のことばを語れる機会を与えられるのか。

西尾はこうも言った。「（二人きりの対話をしないと）腹の底から話すという習慣がなくなって、いつでもある程度思っているらしいことを、自分の心に見極めたり、つきつめたりせずに、口にする癖がついてしまう。そうすると、もう真実のことばが話せなくても平気で、自分は何か言っていればいいような気持ちになって、真実のことばを育てることができなくなる。だから、「対話」で、ほんとうに本心の本心を言うというのは、どんな味わいのものなのか、それを経験させるように」(前掲書)

西尾の言う対話とは、一対一の、つまり第三者の聞き手のいない話である。話すことの基礎として、まずその対話で、心の底から、腹の底から、本心を話すという味わいをしっかりと経験させ、覚えさせるべきだと、西尾は大村に言っていた。西尾が示したいくつもの重要な指針の中で、もっともむずかしかったのがこれで、なかなかできなかった、いつも教室に対話の場を確保しようとしてきたが、結局最後まで本当にはできなかった、西尾先生に申し訳ない、と大村は言っていた。単元学習は空疎な問答をしないですむ有望な学習方法であったけれども、それでも容易に実現できることではなかった。

学校の国語の授業中に、腹の底からという調子でことばを使っていくことは確かにむずかしいことだろう。そういう場を作ることができるか、という以前に、そういう観点をしっかりともてるか、そういう必要をほんとうに感じることができるか、という関門がある。真実のことばを、空疎なことばの中から確実に聞き分ける耳があるのか、ということも、非常に大きな課題だ。

抽象的な、うっかりすると手からするりと逃げていってしまうような、捉えにくいことだけれども、「真実のことば」というのを、問い続けることはやめるわけにはいかないだろう。「真実のことばが話せなくても平気」でない自分、本心の本心を言う味わいを知っている自分、それをのぞき込むように確認しながら。
でも、もし、もうすでに失っていたら、もう平気になっていたら？　そう思うとおそろしい。

⑲ 発言が弱くなる子ども

……繊細で、あまりに考えるために発言が弱くなる子どもを、力いっぱいいたわるようにしました。それが短所ではないのだということ、それでいいのだということ、そういうこともあるんだということ。しかし、世の中を生きていくには、少しマイナスになることがあるかもしれないということ。だれにでも、このことがこうだったらいいのに、と思うことってあるものだということなど、軽く話します。

（『日本の教師に伝えたいこと』）

大村は、家庭内では小さい頃から折り紙付きのおしゃべりだった。教師となってからは豊かなお話を大事にし、それを自分と人とが繋がるためのもっとも大切なものと考えた。けれども、その一方で、ことばが滑らかにするすると出てくることに、絶対的な価値をおいていたわけではなかった。「真実のことば」が胸から真っ直ぐにでること、心のとおりをすっと音にのせてものを言うことを、本気になって求め、同時に、その裏返しとして、ことばがことばとして外に表われない場面があるということを、十分に認めていた。ほんとうに胸をつくような思いこそ、容易にはことばにならないことがある。誠実な話し手であろうとすると、ことばがみつからない。また、人間関係の中でことばにブレーキをかけるということもある。

「おしゃべりはまちゃん」の人生の中でも、十代の終わりからの数年間は、わりあい無口な、静かな聞き役であった時期があった。価値観や住む世界を共有できる小さな集団から抜けでて、広い世界に出て行った頃のことだ。東京女子大で、また新任教師として赴任した諏訪高女の職員室で、若き大村はまは目を丸くして、黙って、さまざまな驚くべき話をあっけにとられるようにして聞いた。容易には口が挟めないという気がしていたらしい。たまに元気を出して口を挟むと、ああ、まだ子ども子ども、などとあしらわれるようなこともあった。

けれども、その時代が、大村にとっては重要な吸収の時代だった。あの耳をそばだてながら静かに過ごした時期がなかったら、後の大村もなかっただろうという気がする。そしてまた、「聞き役」であったときの大村の心が、静かな中で実は非常に激しく活動していたというのも確かだろう。たくさんのことばが来ては去り来ては去りして、人知れぬ間に大村の世界を耕していった。それは本人にしかわからないことだったかもしれない。

そういうことがあったからかどうか、それはわからないが、大村は、音にならなかったことばというものを、そんなのはなかったのも同然、というふうには見なかった。ああ言おうか、このことばでは合わないか、こんなことを言っては変か、あれやこれや考えて、結果、黙ったままでいる子どもを、大切にしようとした。勢いよく、自信をもって、しかもそつなく発せられる優等生のことばが、教室では自然と優勢になりがちだが、気をつけて、机を回りながら、また、休み時間などに、そういう発言の弱い子どもに心からの声をかけて、授業中に言えなかったことを一人ゆっくり聞いたり、また、発言のチャンスを失したことをやわらかに慰めたりした。晴れの舞台に出られなかったことばの小さなおとむらいを、子どもとふたりでするようなものだったろう。話し手としての大村の力は定評があったが、聞き手としても、常に大きな包容力を有していた。大村に聞いてもらうと、本当に聞いてもらった気になったものだ。

大村は、力のある堂々たる国語教師で、知力と探求力などで、おそらく群を抜いて優秀な人でありつづけたことだろうと思う。激しい人、気むずかしい人という側面もあった。けれども、それらが人を跳ね返すような強さや勢いに直結していたら、きっと大村教室の大切な要素の一つが失われていただろう。

かつて、どこかの研究授業で、準備万端整えて、いつにないくらい自信たっぷりに子どもの前に立ったある教師のようすを見て、西尾実先生が、「ああいうことではだめだな」とおっしゃったという。われこそは、というような姿勢の教師を前にすると、生徒は、もう「今日の先生には何を言ってもかなわない、恐れ入りました」というような、すっかり気落ちしたような雰囲気になってしまう、そんな子どもからはことばは出てこない、と指摘なさったのだという。大村はこのことを、ずっと大切にしてきた。もちろん、教師は全力を尽くして準備もし、勉強もするのだけれども、それでも、ほんとうに高い世界を前にして、おそれつつしんだ気持ちでいたい。それが、教室を明るくする、と言っていた。

この冒頭のことばに見られるような、深い理解からくる包容力というものもまた、教室の一隅を明るくしたことだろう。それは、自信にあふれた明るい教師が作る明るさとは違う種類の、きっとやわらかな色をした光だろう。

⑳ 身に染み入ったようにして聞く

メモしなくて忘れてしまったらそれでいい。忘れていいようなことだったのではないかしら。それよりそのときどきの話をちゃんと受け取って、忘れるも忘れないもないというくらい、身に染み入ったようにして聞くことだと思っていました。

（『教えることの復権』）

「聞く力というのは知恵の始まりです。耳のあいていない生徒は、まず成功しないと思います。集中して聞けないのは勉強していく上では、致命傷だと思います。」（『日本語を豊かに ―どう教え、どう学ぶ』）

聞く力を育てたい、と、大村は本気で取り組んでいた。といって、「よく聞きましょう」「人が話しているときは、しっかり聞きましょう」、というようなスローガンで本当に「聞く力」が育つなら、苦労はない。そんなふうにはいかない。

全神経を動員して、一刻一刻、脳みそをフル回転させながら、体中が耳になったかのようにして集中して聞く。そういうことが聞くということであるはずだ。子どもが思わずそういう姿になるような優れた話、心をひく話を、実際に聞かせ、浸るように聞く体験を現実に味わわせることでしか、聞く耳は育てられないだろう、と大村は考えていた。

「おもしろくない話に集中することは、人間としてはむずかしいことです。……子どもたちが、つまらない話や何度も聞いた話を集中して聞くといった芸当ができると思うのは、人間への誤解だと私は思います。」(『日本語を豊かに』)

だからほんとうに面白い話を聞かせて、思わず知らず本気になって「聞く」という神経の働き方を体験させ、その有機的なおもしろさを味わわせる。そうするうちに、聞くべき時には聞くことができるようになるのではないか。そのために、大村は自分の努力としては、話す力を鍛えた。そして、たしかに話がうまかった。聞く楽しみというものを、私たちは中学の教室でくり返し味わった。

楽しみ、という以外にも、もちろん学校では聞くということは、生徒の仕事としては大きなものとなっている。聞いて知る、聞いて習う、聞いて考える、いくらでも聞く仕事がある。聞いたことを書くということも、その一つで、もちろん大事な要素だ。大村教室で生徒がとっていた「学習記録」には、その時々に取り組んでいることの直接の内容が書かれているほかに、予定、進行状況の見直し、感想、反省、課題、ちょっと聞きとめたことば、初めて聞いたことば、友だちが言ったことなど、いろいろ入り交じった、なかなか面白い記録になっている。大村は、もちろんこの学習記録を本気で大切なものとしていた。授業がどのように子どもの力になったか、どういうことばが子どもの耳に真っ直ぐに届き、どういうことばが聞き逃されたり、誤解されたりしたか。そういうことを、気をつけて記録から読み取ろうとしていた。

ところが、大村はある時期、生徒に授業中ノートをとることを禁じていたという。旧制高等女学校で教えていた頃のことだ。熱心な、真面目な、がんばりやの女学生が多い教室で、有能な教師が熱のある授業をすると、それはそれはたいへんな集中ぶりでみんな勉強したらしい。ひたすら鉛筆を動かしつづけるような勢いでノートをとる。それで授業中にノートをとることを大村が止めたのだった。府立第八高女の生徒がこう記憶している。

「『耳で聞きながら目でノートを追うのは一見とてもよいようではあっても、結局は、……もっと大事な全体的な話のまとまりがつかめない。それよりは授業中は先生の話に全神経をかたむけて頭にいれておき、帰宅してからそれをまとめた方が、より有効』と、教えてくださいました。……帰宅してからの整理はうれしいことになりました。」(『大村はま先生に学びて』)

「そんなこともあったそうですね」と、ある時、大村に尋ねたら、はるか昔を思い出すような顔をして、「そんなこともあったわね。ほんとうにむきになって、一言ももらさない、といったようなノートをとる昔の勉強家の女学生というのが、あのころはいたんですよ。ちょっと度がすぎるというような。それで、そういうことを言ったんでした。中学に出てからは、そんなことを言わなきゃならないようなノートのとり方をする人はいなかったわね」と笑った。

しかし、実は大村は、話を聞きながらメモをするということを、いつも条件付きで肯定していたにすぎない。大切な話であればあるほど、「忘れるも忘れないもないというくらい、身に染み入ったようにして聞く」のが、ほんとうの聞く姿だというふうに考えていた。だから、たとえば小学校の教室で、子どもが国語の教科書を音読する、それを他の子どもたちがチェックしながら聞いていて、間違えを見つけたらすかさず指摘する、というような、神経を変にとがらせた聞き方をさせることを、非常に嫌った。生徒の話を手元でメモしながら聞くようなことは決してしなかった。メモやノートが必要な場合ももちろんあるけれども、できるならば、ひたすらに、一心に聞く、ということを優先させた。

晩年の大村のもとには、熱心にそのことばを聞きに人が集まることがあったが、そういうときも、本人は、相手が目の前でメモをする姿というのを、あまり好まなかった。それこそ、「メモしなくて忘れてしまったらそれでいい。忘れていいようなことだったのではないかしら」と言いたいような顔をしていた。

亡くなる一年前くらいから、大村は体の衰えを実感し、九十八歳という年齢でもあったから、時折改まった調子で、「聞いておきたいことは、何でも聞いてちょうだい」と言った。そして、生涯をかけた国語教育の話をいったん始めると、大村は忘れさせない迫力で語り、私は忘れないという迫力で聞いた。おそろしいほど静かな、本気のひとときだった。メモなどというものが似合う場ではなくて、ただひたすらに聞くばかりだった。メモ用紙一枚持たずに聞く、聞き入る覚悟でいるからこそ、聞ける話がある、ということかもしれない。

㉑ 自己開発の瞬間

話し合うということをしていますときの活発な自分の頭のなか……はつらつと動かされている頭というのが、話し合っている内容以上に、じつに意外なことを自分自身に悟らせるということなのです。

……自己が開発されるというのでしょうか、その力はびっくりするようなものだと思います。（中略）話しことばというものの世界に、どういう自己開発の瞬間があるかということを悟らせたいと思います。そして生きた人と生きた人とが、貴重な生命の一こまを使って打ち合っているそのとき、何が起こるのかということを、私は悟らせたい。

（『大村はまの国語教室』）

「話し合い」をさせない教師はいない、そして「話し合い」を教えている教師もいない、と大村は怒っていた。話し合いというものをちゃんと理解して、あるべき姿を心がけて勉強している子どもはいない、と嘆く。話し合いのあるべき姿？ そう聞いて、ぎくりとする人がほとんどではないだろうか。

一般社会では、話し合いというのはどんなものとされているか。なにがしかの合意を得るための、ただの退屈な手続き。結論を出す前に、独断という非難を防ぐために保険として挟むだけのもの。話し合いが、話し合ってみてよかった、という感慨で終わることなど、めったにない。いかにも居心地の悪い沈黙が続いたり、せっかく誰かが何か発言してもまわりがしらっとしていたりする。そうかと思えば、しゃべり続ける人が出て、話の方向が妙にずれていく。その場の力関係だけが流れを決定し、鶴の一声で結論が決まる。大半のメンバーはおとなしく座っているだけだから、眠くなる。――大村とこんなふうに世の話し合いの悪口を出し合っていた時に、「学校の職員会議っていうのはどんなでした？ さすがに、いくらかはいい話し合いでしたか？」と聞いたら、「悪い見本！」と言った。

大村は、勇ましくも、そういう現状をしかたないと諦めはしなかった。戦後、中学教育に飛び込んだ時期から一貫して、話し合うということを、本当に重要なこととして扱ってきた。戦後の日本の出直しの基本は、民主主義を学ぶということだった。ずるずるっと戦争に突入し、原爆、特攻隊にまで至る過程をふりかえって、大村は、本気になって話し合うことの意味と力とを子どもに伝えようとした。話し合って切り開く、話し合いをとこととんする、あきらめない、そのためにまず話し合いの価値を知る。おとなの社会の話し合いについては、もういかんともしがたい、という気持ちだったらしいが、それなら子どもから、というわけである。冒頭のことばは、その、話し合いの価値、なぜ、そんなに話し合いが大切か、ということを言ったものだ。

話し合いは、ただの、形式的な手続きではない。「生きた人と生きた人とが、貴重な生命の一こまを使って打ち合っているそのとき」に、不思議な化学反応のようなものが一瞬起こって、一人でどんなに考えても出てこなかったなにかが、生まれてくること。それをここでは、自己開発の瞬間ということばで、言っている。それがあるからこそ、話し合いは大事で、面白くて、甲斐がある。断じて方便ではない。

大村自身が、この自己開発の瞬間というものを、人生の中で体験し、価値を実感している。たとえば、これは対話であって大人数の話し合いではないが、西尾実との「デート」の例がある。西尾は、大村の実践の中でも、学習記録の取り組みに大きな関心を寄せていた。「研究会をしましょう」というので出かけていくと、待ち合わせ場所の文部省庁舎前の階段には西尾がいつも一人で立っていて、中国料理店で二人だけの研究会をした、ということが何度もあった。まるでデートである。学習記録はどんなふうに指導されているか、西尾はそれが聞きたい。大村は後に振り返って、その時期に、学習記録についての自分の考えがぐっと進んだことがわかって、驚いたという。

「一生けんめいになって話すから、私自身も私を育てているわけですね。それは聞き手の力でしょう。なにか批評したりなさらないで、みごとな聞きぶりで、西尾先生が本気で聞いてくださっているために、わたしがついつい本気になって話すから、私が私自身を成長させるわけですね。」（『大村はまの国語教室3』）

西尾が教えたのではない、大村が、最高の聞き手を相手に、話しながら伸びたのだ。伸びるのを促し、きっかけを与えたのが、西尾である。おそらく、的を射た質問や、力強い同意、なにより深い関心が、大村を一段高いところに上らせたのだろう。こういうことを指して、大村は「自己開発の瞬間」と言っている。

人と人とが話し合うことの意味を、こういうところに求めるならば、居眠りするどころではない。一刻一刻動いている話し合いに、しっかりと頭と心を連動させていかなければならない。採決に手だけ挙げればいい、などというのとは別世界のことだ。また、論敵を打ち負かすというようなディベートなども、大村は退けた。自分の意見が勝つか負けるかということでなく、話し合いの中で、何が生まれるか、どんな果実が実るか、そこに主眼を置いていた。

「話している人が言っていることを聞きながら、自分の考えと考え合わせて、いっしょにして考えている目つき、これを覚えないといけないのです。うけたまわりおくといったつめたい言い方があるでしょう。そういう顔じゃだめですね。それが、胸にこう入ってきて、共鳴して、受けとっているときの目つき、これは、その気になってご覧になるとわかります。」(『大村はま国語教室の実際 上』)

そんな目つきの人が集まった話し合いは、きっと実りがあるだろう。自分にとって「開発される瞬間」がある話し合いであるならば、おそらく、話し合っている集団にとっても、なにかしらプラスになるのではないか。

㉒ テーマは線の太いものを

(話し合いは)何があるかわからない。そして、何があっても対応しないといけないでしょう。たとえば、みんながなにか似たようなことを言って、私もそう思います式になっているときに、それを盛り返さないといけないでしょう。……

だからテーマは線の太いものをというわけです。いわく言い難いなんていうようなところの多いテーマでは、そんなことやっていられない。(『教えることの復権』)

「話し合いは、はやってはいますけれども、私などはこの点は非常に用心深いので、できるという見きわめがつきませんと、なかなか「話し合ってごらん」ということにしません。話し合いは悪い癖がついてしまいますと、まず、直すことは不可能です。話し合いに対する興味を失い、その重要性を軽蔑するようになってしまいます。話し合いなんて時間つぶしでつまらない。みんな、聞いても聞いても黙っていて、何も言わない人がいるとか、楽しく話せないとか。話し合っても、結局は、自分で考えたのと同じだ、話し合いがなくても、自分自分でやればいいんだ、とか、そういうふうになっていきます。」(『教室に魅力を』)

大村はこんなふうに考え、話し合いを教えるためには、実際に話し合いを始める前に、ずいぶん周到な手順を踏んだ。

まず、何を話し合うか。国語の教室であると、文学作品の主題や主人公の心情について、などという話し合いが本格的なものとして想像されるかもしれないが、そういうのは魅力的ではあっても、手に余るのである。自分なりに感動をもって受け止めたことはある、ないわけではない、でもそれをめぐって話し合う練習をするには、荷が重すぎるのだ。どんどん闊達にことばにしていくことができない。「いわく言い難い」わけである。また、微妙な心情を云々するうちに、ふと心をチクリと刺すようなことに出くわしたりもする。心理の薄暗い部分に出会って、教室に暗い気持ちが満ちたりしかねない。ぞんぶんに話す、という空気が、作れないのだ。それで、「テーマは線の太いものを」というのだ。いくらか単純な、かげりや微妙な襞《ひだ》のない、それでいて存在感のある、そういうテーマで話し合うことを練習する。たとえば、ちょっとした短編作品に副題をつける、案を一人一つずつ出し、その中から、よさそうなものを絞り込む、というようなことが、テーマに選ばれたりした。

また、話し合いが始まる前に、生徒たちがそれぞれ、「これはぜひ言いたい」ということを持てるように、それぞれ持っていることを大村が確認しながら、事前の準備の時間を持った。「子どもたちは、自分の話が、ああ、あの話かと言われない話ができるのでなければ、積極的に口を開けるということはむずかしいのです。また、そういう話の種を自分が持っている場合は、こんどは、これは黙っていることがむずかしい。……みんなが話したいことを心から持つということ、これが私は話し合いをするときの第一歩だと思います。」(『大村はまの国語教室』)と言っているように、黙っていられないくらいいい種をもっているという状態を、ぜひ作ろうとした。そのためには、全員がテーマをめぐってそれぞれ異なるアプローチで準備してあるのが理想的なわけで、実際、そういう手だてを用意することもあったし、また、大村が個々に助言しながら、「これはあなただけの考え」というものを確認していったりもした。

大村は、特に、力の弱い子どもの占めるべき位置を慎重に確認した。

「(話し合いは、)誰かが誰かをバカにしているという教室では、どんなふうに教えても、どんなふうに指導しても、できません。バカにしている人と話し合いたいという気持ちが湧くはずもなく、バカにしている人の発言を誘ったり、バカにしている人の発言を心をこめて聞くなどということはできはしません。また、バカにされていると思っている子が発言するわけがありません。……そのできないと思われている子どもに、現実に成果を上げさせなければいけません。……みなを感心させないといけません。……バカにしていたことを後悔し、正しい目で、その人をほんとうに尊敬をもって見る、というところへ持ってこないと。」(『教室をいきいきと1』)

これほどの本気で、大村は力の弱い子どもに手を貸し、良い材料を与えて、しっかりとした位置を占めさせた。その子どもしか持っていない発言の種をもって、話し合いに貢献する、それを、本人のためにも、他の子どものためにも、明らかにわかるようにした。「一時間の話し合いをしようと思うと四時間かけて準備することもあるのです。ちっともったいない時間ではないと思います。……ある考えで胸をふくらませた人がここに集合してはじめて開会するわけなんです。」(『国語教室の実際』)

ようやっと話し合いが始まると、いよいよ、大村の獅子奮迅の働きも本番である。「「今があれを言うときだ」ということを教えないとだめなのよ。これは意外にむずかしいことでもあるんですよ。そして、その発言を必ず大事に受けてやる。子ども任せは危ないから。教師がすぐ受けて。せっかく発言しても、つまらないものだ、話し合いはいやなものだと思わせないのが大事ですね。」(『教えることの復権』)

大村は優秀な生徒の一人になったような立場で、その場その場で、身をもって話し合いの中に入っていき、ここではこんなことを言えばいい、ということを生きたことばで言ってみせた。また、急にすばらしい発言をできるようになることはむずかしくても、賛成できる意見に「賛成です」「私もそう思います」と発言することならできるはず、と小さな発言から育てていった。子どもの発言の種がもっともよいタイミングで花開くように、その合図も出した。話し合いの流れには当然目を光らせ、流れを戻す、とか、混乱を整理するとか、停滞を盛り返す、というような役目をやってみせたり、促したりした。瞬間ごとに変化していく話し合いに対応するために、大村は心底疲れて、こういう授業は一日一時間が精一杯であったという。

客観的に見れば、全員に話す種を持たせる点などについては、無理があるような気もする。大村が入念に準備した授業だからこそ、そうできる。でも、一歩大村教室を出たら、そんなことはもう誰もしてくれない。習ったからといって、自力でできるようにはなかなかならないだろうし、そこまでお膳立てをするのは、ある意味で不自然なのではないか。あの教室の中だけの特殊な出来事として、終わってしまうのではないか。

おそらくそれは、大村もわかっていたことだろう。けれども、たとえたった一度でも、何かを切実に味わった人というのは、味わったことのない人とは、きっと何かが決定的に違うのだ。「今日の話し合いではこれを言おう」と朝からドキドキしながら開会を待った経験を持つこと。試験をすれば落第点を取るような仲間から、たいしたもんだなあ、と素直にほめたくなるような発言を聞くこと。自分が言ったことが、話し合いの中で、意味のある位置をしっかりと占めること。なにより、心から話し、心から聞くという話し合いの一員になること。そして、気がつけば、話し合う前にはなかった何かが自分の中に生まれていること。子どもの頃にたった一度でも、それをほんとうに味わったら、話し合うことを軽蔑しない、話し合うことに絶望しない人になる。話し合いがどうしようもなく低調なときに、せめて自分にできるよい貢献はないか、と心配し、動ける人になれる。大村はそう信じていたのだと思う。千人の生徒にその味わいを教えれば、世の中の千カ所で、話し合いに、ある心得と心意気をもった参加者がいることになるのである。

ことば——読むこと　書くこと

㉓ 文学、このよきもの

文学、このよきものは優等生だけが味わうべきものではないのです。「どんな場面が目に浮かびますか」などと問いを出して、この場面を口でうまく言える人だけが味わうものじゃない。できる子もできない子もない。作者の文章が、理解できてもできなくても、そんなことに関係のない力で人間というものをつかまえるのです。

（『日本語を豊かに　―どう教え、どう学ぶ』）

大村はまは、大正末から昭和の初めという時期に東京女子大学で学んだ。新渡戸稲造初代学長はすでに退いていたが、その精神が学内に満ちていた。青年期には、友人との交流も大事ではあるが、一人で過ごす時間をもつことも非常に重要だ、という新渡戸の考えに基づいて、寮の部屋は、こぢんまりしたものではあったが、個室であった。学友たちは裕福な家庭の子女がほとんどで、週末には歌舞伎だ、三越だとにぎやかに出払う中、経済的に余裕のなかった大村は、静まりかえった寮に残った。もちろんいくらか惨めな気持ち、寂しさもある。その寂しさを紛らわすようにして、本を読み始める。

すると、あっという間のことなのだ。本は大村を圧倒的な力で捉え、離さない。寂しいとかお金がないとか、一人残されて、とか、そんなことは宇宙のかなたに消えていってしまう。夢中でページを繰り、時には、あまりに鼓動が高鳴るので、両手を握ってぎゅっと胸を押さえながら、読む。読みに読んで、ふと気がつくと窓の外は暮れていたという。

クリスチャンの文化的な家庭に育った大村にとって、直接に接する世界はある意味で限られたものであったのだが、女子大時代に読んだ実にさまざまな本は、世界の圧倒的な広さや多様さ、人というものの猥雑さや卑小さ、尊さや底知れなさ、善悪の混在、不幸の偏在、人類が蓄えてきた知識のおそろしいほどの量などを、たいへんな力で突きつけた。この時期の大村の読書は文学に限定されたものではなく、自然科学、地誌、歴史、辞書や事典まで読むこともあったが、やはりなんといっても文学の魅力は圧巻であった。

「文学」と言いたいとき、大村は「文学、このよきもの」と言うことが、しばしばあった。順序が逆の枕詞のようなものだが、意味や新鮮さを失って形骸的に付く枕詞ではなく、大村にとって心底からのことば、身をもって信じているひとつの事実、それが「文学、このよきもの」だった。そういう人が、文学を中学生にどう教えるか。

一般に文学教材を扱う国語の授業は、「どんな場面が目に浮かびますか」「主人公はこのとき、どんな心情だったでしょう」「このことばにどんな心情がかくされていますか」というふうに、問いを重ねることで、読みを深めていくことが多い。けれども、こういう型どおりのやりとりこそが、本来その作品がもっていた魅力や、力、不思議を、いつのまにかすっかり色褪せたものにしてしまう。どんな質問にも手際よく答える生徒が教室にはいるから、なんとか問答は続いていくだろうけれども、教師が、その力量で、教室をある結論まで誘導しているだけにすぎないような調子でしかないことが多い。大多数の子どもは、本来の作品の手触りなどとうに忘れ、もう興味もあまりなく、ただ授業に付き合っているだけになる。新しい教科書をもらって、その日の午後、畳に寝転がって読んでみたときには、おもわず引き込まれて読んだような作品であったとしても、もうその感動はどこにもない。

「文学、このよきもの」を、大村は心底よきものと思っていたから、その価値を損なうような授業をするわけにはいかなかった。実際には、大村自身はたいへん力のある読み手で、久保田万太郎の戯曲『北風』のくれたテーブルかけ」の教材分析（全集第四巻）などを見ると、その読む目の確かさ、繊細さ、明晰さに驚かされる。けれども、大村は、自分がそういう読み方を愛し、その力を十分に持っているからといって、それを中学生にそのままストレートには求めなかった。

もちろんそんなふうに緻密にテキストを読み込んでいく誘惑は、どれほどか大きかっただろう。実際、旧制の諏訪高等女学校、東京府立第八高等女学校では、勉強好きの女学生相手に、心ゆくまで精緻《せいち》な講読の授業をしている。だが、戦後の新制中学校で、ごくごくふつうの、どこにでもいる、やんちゃ盛りの中学生を相手に授業をするようになったとき、精読をくり返すことのマイナスを直視せざるを得なかった。大きな目標（文学、このよきものを、損なうことなく子どもに味わわせたい）の前には、下位のことがら（逐語的《ちくごてき》に、分析的に読むという態度）を、思い切りよく諦めた。肝の据わった人である。

㉔ 力を見る目

（文学の）鑑賞とか味わうということは、程度の高い心の世界ですから、兼ねて表現力も養うというのはちょっと無理。表現力は大事ですけれど、別の機会と計画を用意して、それを養いたいと思います。

その力を見る目が混乱しますと、子どもたちは不幸せです。

（『教室をいきいきと1』）

文学を味わう、そのことに専念した例を一つ見てみよう。「爪王」は、戸川幸夫の作品で、一羽の鷹「ふぶき」と鷹匠の物語である。

Ⓐ赤ぎつねは、《①。マデ一気ニ》この危機《キキ》をのがれるために激しく《㋩ハッキリ》ころがった。《短クイキヲヨクスウⒷ》自分のからだを雪の《ナルベクキラナイデ。マデ》面にたた《タタ下の㋟ハッキリ》きつけることによって、《ドウシテモキルナラココデ。ミジカク、てヲサゲズニ》鷹をふり放そうとした。

Ⓐだが《②ツヨク》、「ふぶき」は翼を堅《シッカリト》くしめ、Ⓑからだにぴたり《シッカリト》と付けて、ⒶⒷきつねとともにころがった。Ⓐ上になり、Ⓑ下になり、ⒶⒷ二つの生き物は、まっ白になってころがり続けた。Ⓐだが、「ふぶき」は、爪を離そうとは《タイセツ。》しなかった。Ⓑ爪は

○キキ＝下のキが消えないように。

少《ユックリ》しずつ、赤《ユックリ》ぎつねの肉体《オサエテ》に食い込んでいった。

Ⓐきつねの足爪が、「ふぶき」の羽をけ散らした。Ⓑそれでも、「ふぶき」は離れなかった。

Ⓐきつねは、死力をつくして立ち上がろうとした《カサネテハイル》。Ⓑ[3]瞬間、「ふぶき」は、きつねの眼球にくちばしの一撃を加えた《カサネテハイル》。Ⓐ鮮血がさっと雪をも色に染め、きつねは再びたおれた。

○[4]すさまじい死闘だった。

中学一年生の教科書にとりあげられた動物文学の小品だ。その無駄のない、スピード感・緊迫感のある文章は、読む者を先へ先へとひっぱっていく。大村が取り上げたのはその一節、老練な赤ぎつねと若鷹ふぶきとが、雪の山で死闘を繰り広げる場面である。

大村は、この文章を、AとB、二人組になって読ませた。行間に書き込まれた注意からわかるように、読み手の息の合わせ方、間の取り方、スピード、声の調子、そういったもので、この息をのむ場面の表情を感じ取らせようとしているのがわかる。

中でも、死力をつくして立ち上がろうとしたきつねの眼球に、「ふぶき」が、くちばしで一撃を加えた場面を、大村は、のんべんだらりとは読ませなかった。立ち上がろうとするきつね、そこに「瞬間、「ふぶき」は……」という一節が、重ねて、かぶさるように切り込んでいく。「くちばしの一撃を加えた」を言い切る寸前に「鮮血がさっと……」と入る。瞬きする間もないような緊迫、時間の同時性を読みで表現するのである。

全集に残っているこの授業の記録を、少し長くなるが、引用してみる。

少しのすきもなく、「瞬間」と、「鮮血が」と入ろうとして、AもBも、つまりクラスみんなが興奮した。頰を紅潮させて、何度も何度も飽きずに、互いに声を重ね合った。入りそこなうまいとする緊張で胸をドキドキさせているのがわかった。からだじゅうで、ことばで、文字で、一つの世界を受け取っていた。子どもたちは、ただ文字によって、見たことのない大自然を見、その中に身をおいて、この激しい場面を、あざやかに描く――どころではない、体験している。絵一枚使わずに、ただ、文字を通して。私は、子どもたちを、このひととき、文学に夢中にさせられたことを喜んだ。文学のおもしろさも知ったにちがいないと思った。（全集四巻）

テキストの最後の一行に○がついているが、この一行の読み方は二人で相談し、工夫してみる、ということになっていた。声を張って力強く読もうという意見と、感動は内にこめ、低く静かに、ついもれてくるような声で読もう、という意見があったという。そんなことを話しあうことが、結局、文学を味わう体験そのものなのではないだろうか。

「(「爪王」を扱ったこの取り組みは)「なになになさい」では、とうてい叶えられない、文学鑑賞の場面です。「よく味わって読みなさい」そして「どんな情景が目に浮かびますか」「この場面の気持ちは」など、そのたぐいの問いかけをいっさいせず、その場の緊迫した感動をからだで味わわせようとした試みです。よくできる子もできない子も、平等でなければならない、鑑賞の世界です。」(『教室に魅力を』)

こんな取り組みに夢中になって、それでこの「爪王」の授業は終わりである。頬を赤くしたままで終了。物語の流れを段落を追って表にしたり、鷹匠の気持ちを別のことばで表現させる、そんなことは、もちろんしない。「文学の鑑賞とか味わうということは、程度の高い心の世界ですから、兼ねて表現力も養うというのはちょっと無理」であるから。「(ごんぎつねの)兵十はどんな気持ちでしたでしょう、などというのは、言ってはいけないことばだと、私は思っています。聞くものではないのです。だって、書くとすれば、それは作者が一番上手に書いてしまっているから、何とも言われません。」(『大村はま国語教室の実際　上』)

心が動いて息をのんでいる、目をうるませている、胸がいっぱいになっている、そういう子どもに、さあ言え、なにを感じているか言え、と迫らない国語教師を、私は尊敬する。

㉕ なんとなく読むと読めない

子どもというのはテストのような問題の読み方、対し方、これは何を書いてあるか、どことどうつながるかとか聞けば、ハタと行き詰まるかもしれませんが、ひとつの目標をもってどんどん読んでいるときに、読み取らなければいけないものは……よく取りますね。この文章の「この」がどこへかかるかなんていうと、びっくりしちゃって何もいえないか、間違えたりしますけども、そんなことを聞かずに、何をここから読み取るということが決まっているとよく読めるし、目的がはっきりせず、なんとなく読むと読めないいんじゃないかと思っています。試験問題はみんななんとなく読むから、なかなかわからないいんじゃないかと思っています。

（『日本一先生」は語る　――大村はま自伝』）

愚問は頭を悪くする、ということを、大村はよく言っていた。「つまらないことを聞くもんじゃありませんよ。混乱させるもとです」などと言う。あまりに明白なこと、それを問う必要性がほとんどなくて、むりに聞いているようなことだったりすると、その意外さにあわてたり、まさかそんなに明白なことを問われるわけがないと思って、意図をはかりかねて、頭の中がごちゃごちゃになる。「「こそあど」などを聞いているうちに、とても学習が嫌いになってしまうことがある」とも言っているが、それはほんとうにあることで、私自身が小学校の終わりころ、国語が嫌いだった。自分としては、自然にすーっと読めていた文章でも、「その」と横に線を引かれ、①は何を指しているか、などと改めて聞かれたとたんに、え？　とわからなくなる。もともと、感覚でなんとなく読んでいるのだから、答えるのもなんとなくである。当たらなかった時には、自分の感覚に自信をなくし、素直に文章に向かうことを忘れたようになる。妙にこじつけた深読みをしたり、勝手に常識や道徳に照らして読んでしまう。国語の読解の試験というのは、そういう読み方をしないように、というのが一つの観点になって作られているから、まんまと敵の罠にひっかかって、誤答を選んでしまうのだ。混乱に拍車がかかって、ますます嫌いになる。

先日、ある小学校長と話していて、大村教室では定期試験はどんな問題が出たんですか、と聞かれた。私は「ほとんどの場合、読む力を見る試験の問題は、初めて見る文章でしたよ。その学期に授業で勉強した文章について出題されるということは、まず、ありませんでした。古典などは別ですけれど」と言った。すると、その先生が、「でも、それじゃ、そもそもその初めて見た文章を正しく、十分には読めないでしょう？ 子どもにはそんなことは無理でしょう？」と言い、私は虚をつかれた。

子どもは、初めて出会った文章を、独力でちゃんと読めるのか、読めないのか。もちろん、子どもも一人ひとり違い、文章も一つ一つ違う。だから、一般論をいくら論じても意味がないかもしれないが、基本的な姿勢として、ある程度、年齢や力を考慮したテキストを選んだ場合に、「ここはこういう意味、これの根拠はこれ、この人の気持ちはこう」と先生に習うまで、子どもはまったく不十分にしかわからない、と考えるのか。それとも、ある程度正しく、まっすぐに読み取っていると考えるのか。

当然のことだが、指導書に書き込まれているような細かい、きっちり正確な読み方は、独力ではできないだろう。だから、「子どもは一人では読めません」と言う意見が出てくる。最初から一人で読めるくらいなら、国語の授業はいらないじゃありませんか。授業をしても、テストをしても、ああ、わかっていないな、これじゃ読めたことにならないな、ということが始終ある。だから、一つ一つ読み方を教えるんでしょう。教えた結果、ちゃんとわかったかどうか、定着したかどうかをテストする、そういうことでしょう？　という見方だ。これが、世の中の九割方の考えであると思う。

けれども、好きで読む本なら、かなりむずかしくても何とかかんとか読破するというのも、いくらでもある事実だ。むずかしいことばを推測でなんとかしたり、時には数行読み飛ばすことはあっても、全体としてはちゃんと摑みながら読む。もちろん、細部まできちきちと正確に読めるわけではないだろうが、それでも、全体としては十分に受け取りながら夢中になって読む。そして、実はけっこうちゃんとわかって読めているのではないのか。たとえば「ごんぎつね」は小学校中学年で扱う教材だが、あれを一人で読むとき、まったくトンチンカンな読み方しかできない四年生がどのくらいいるのだろうか。新見南吉が頭に描いた読者は、一人で、家の縁側で足をぶらぶらさせながら、どきどきしたり、小さな悲劇に心を痛めたりしながら読む、そういう子どもだったのではないのか。そういう子どもに、ひとことの注釈なしでもわかるお話を、彼は書いたつもりだったのではないのか。

大村は「子どもというのはテストのような問題の読み方、対し方、これは何を書いてあるか、どことどうつながるかとか聞けば、ハタと行き詰まるかもしれませんが、ひとつの目標をもってどんどん読んでいるときに、読み取らなければならないものは……よく取りますね」という。この見方が世に広まったら、国語という教科は変わるのではないか、と私は密かに思っている。子どもの力を信用する。「読書は大事だ」などという大人の説教と関係ないところで、自分の意志で本に夢中になっている、その時の子どもの読む力を、本来のその子の力と考えて出発する。その力が、授業やテストでは発揮できていないとしたら、それは、その子を本気にさせていない授業であり、問いである、というふうに考えてみることはできないか。大村はそこから出発していた。

読む力を信用して出発したあとは、もちろん読む力をもっと育てるのである。育てなくていい、というわけではもちろんない。

㉖ 批判

批判力をつけるというようなことは、とてもむずかしいことで、いきなりむずかしい意見などを出して、この考え方がどうであるか批判せよというようなことがありますが、中学生の手にあまることで、その上、よくもわからないことを批判するなどということは、よろしくないことです。むしろ厳に戒めたいと思っています。はっきりわかること、はっきり自分に批判する能力のあることだけは批判していいけれども、最初からわかってもいないで、そして能力もないのに、批判されたんではたまらない、と私も思いますので、批判力を練るということには、よく材料に気をつけたいと思います。

（『読書生活指導の実際』）

大村は、子どもが時折、目をきらきらさせながら自分を批判するのを、おそれながら期待し、喜び、感謝することさえあった。よくぞこれだけの見る目が育ったものだと、教師冥利に尽きることだったろう。本当の意味での正当な批判、前向きで、何かを打破できる可能性を持ったような批判というのは、なかなか簡単にできることではない。気にくわないことを言い散らかすのとは、ぜんぜん違う。いちゃもんをつけるのと混同するわけにはいかない。

未熟な子どもがいい気になって「批判」しだすと、容易に「いちゃもん」になってしまう。以前、説明文を批判的に読むという小学校の授業を見た。筆者がある枠の範囲内で限定的な論として説明していることがらについて、その枠の外側のことを言い立てて、その視点が欠けていると批判する。たとえば、字数の制限か、あるいは簡単に記述しているためか、筆者が、おそらくは今敢えて問題としていない、ということがらをあげて、それについて見落としているのはおかしいと言ったりする。また、テキストから離れ、論理の脇道にどんどん勝手に入り込んで、問題点を探してしまう。

「批判」をはじめから目指すと、そうやって探し出してまで批判してしまう。批判のための批判というのは、教えたいことでも、勧めたいことでもない。そういうものが出てきたときは、その場で立ち止まって、落ち着いて検討し、まっとうな批判でないことをわからせなければならないのではないか。ただ、刻々と動いていく授業の中では、よほど意識していなければ、なかなかその場で立ち止まることはできず、結局は黙認され、それでよしということになってしまう。子どもの言うこととはいえ、その場に筆者がいたら、どれほど顔を赤らめて憤慨したことだろう。

「最初からわかってもいないで、そして能力もないのに、批判されたんではたまらない」という大村のことばには、胸からまっすぐ湧いて出たような、正直さがある。「たまらない」という表現は、ははあ、これは大村自身の生の感情も入っているな、という気がして、なんだか気の毒なような、おかしいような気がする。

大村は、単元学習という新しい国語教育を先頭に立って進めてきた過程で、批判されることも少なくなかった。その中で、十分な知識や理解もなくなされた批判などに出くわすと、心の底から「たまらない」と思ったにちがいない。中学生に批判ということについて教えるとき、大村は、批判される側のたまらなさをいつも思い出していたのだ。これは、実はとても大切な教室の姿だった。教室で、教師がリードしながら生徒たちが批判的にある文章を読む、そういう時、どうも、みんなで「真実の旗手」という妙な気分になりやすい。それではまずい。筆者がもし目の前にいたとしても堂々とテーブルの上に出して、共に検討するに足る批判かどうか、そういう視座が大村にはあった。「たまらない批判」を受けたことのある教師がいたことが、よいブレーキとなっていたのだ。

大村は、手放しになんでも批判させるようなことはしなかった。生徒たちはしたかったが、させなかった。読みながら浮かんでくる疑問や、新たな関心、著者に聞いてみたいこと、というようなことは、とても大切にしたが、それを敢えて「批判」という名のものにさせなかったのは、中学生の側に、まだ対等な立場から批判するだけの力量を認めていなかったのだろう。生徒の視野、経験、見識、知識、そういうものの範囲の中でテーマと素材を厳選し、準備を十分にした上でしか試みようとはしなかったし、試みる場合も、「批判的な読み方の練習」という言い方をわざわざして、生徒をいい気にさせなかった。

たとえば、福沢諭吉の自伝『福翁自伝』と、中学生向きに書かれた伝記数冊から、いくつかの同じ場面をぬきだして、比べながら読むという単元があった。福沢諭吉本人がこのように表現していることがらを、伝記Aはこのように表し、伝記Bはこう書いている。A

は、本人の感じた大きな落胆を十分には表していない。Bが使っている〇〇ということばは、本人の表現に比べて軽い、自分たちが毎日でも使うような表現で、もの足りない。こんなふうに読み比べていく。根拠のある、しかも自分にとって確実に言えることだけを言う、慎重な批判の練習だった。自分の手の中にちゃんと収まる材料の範囲で、しっかりわかってものを言う手堅さの感触と面白さを、あの時、味わったのを覚えている。あの教室ならば、筆者がもし同席したとしても、すくなくとも頭から湯気を出したりはしなかっただろう。

㉗ 宝もの

（本を）読んでいって思いついたことや、考えたこと、何かが心に引き出されてくることがあるでしょう。……〝忘れない〟と思ったような感動でも、やっぱり忘れるんです。「何を考えたんだっけな」なんていって。それがとてももったいないと思う。……若い、いきいきとした頭の中に、ふっと浮かんだこと、これはどんな宝ものかわからないんです。だからその宝ものを、なくさないようにしたいって思う。

（『国語教室おりおりの話』）

中学生としてこのことばを聞いたときのことを覚えている。もう三十年以上も前のことなのだが。

自分のこの頭に、混乱しやすく大事なことを見落としやすいこの頭に、いつか、ふっと浮かぶかもしれない宝もののような考え、それは一体どんなものなのだろう……。自分でもおどろくほどの、人の受け売りでも、教室で習ったことでもない、なにか自分らしい、自分でも嬉しくなるようなすごい考えが浮かぶのだろうか。そういう宝のようなものが浮かんだとき、自分でちゃんとその価値がわかるだろうか。気づいた時には、どんな気持がするのだろうか……。そんなことを思って、ぼんやり窓の外に目をやったりしていたような記憶がある。

ある時期以降の大村教室の生徒は、「読書生活の記録」というものをつけていた。読んだ本、読みたい本、読書日記、感想文、広告・書評・読書論を集めるページ、など、文字通り、「読書生活」が記録できるようになっていた。その中で、読書日記のページは、毎日記入できるような形になっていて、そのために、生徒には多少のプレッシャーになっていた。読書好きの生徒が多かったのはさすがだが、それでも、その記録を毎日書くというのは、正直なところ億劫なことだった。別に毎日書かないからといって、なにかまずいことになるわけではなかった。「書くことがなければ、遠慮なく空けておきなさい」と言われていたのだが、やはり空欄が続くと気が引けた。それで、学期末の提出前には、何日分かをまとめて記入するようないい加減なこともしてしまった。おそらくそういうズルは、簡単に先生に気づかれていただろうが、叱られたことはない。

「若い、いきいきとした頭の中に、ふっと浮かんだこと、これはどんな宝ものかわからないんです」ということばは、そのやっかいな読書日記についてのことばなのだ。読書日記がちょっと気重なものであることは、承知の上。それでも、本を読むということは、若い頭や心がさまざまな刺激を受けて、化学反応が起こるようにして、新しい目が開かれたり、思いがけない思いに気づいたりする、そういう営みなのだから、そこで生まれる「何か」を書き留める場がないのは、残念ではないか。ただ消えるままにしてしまっては、もったいないではないか。別になにも書くことがなければ書かなくてもいい、それを重苦しく思う必要はない。とにかく、そこに読書日記という場があり、思いや考えを書き込めるスペースがあることが大事。大村は四月にはくり返しそのことを語った。

大村はまの声には、聞く者の耳にまっすぐに矢のように飛び込んでくるような、不思議な伝達力があった。特に、ここぞという話をする時の、真正面の本気のことばは、心の底から湧いたような自然な勢いがあって、教室は、そういうとき、しいんとなることが多かった。中学生が神妙な顔になる。「だからその宝ものを、なくさないようにしたいって思う。」そんなことを言われると、そのまだ見ぬ宝ものが、ほんとうに大切なものに思えてくる。少し遠い目をして、自分にいつか浮かぶかもしれない宝もののような考えに想像をめぐらせるようなとき、大事なものをかいま見たような気がするのだが、あの時にきざしたものは、自尊心の芽のようなものだったのではないだろうか。

㉘ 読みたい本

読むひまもなくて、読めなくて、でもね、これは読みたい、って思っている本がいつも胸に少しずつある、少しでもある、そういう人はやっぱり、考える世界とか、高い世界、文化、そういう世界へ近いっていう気がするんです。

……「読んだ本はなかなかふえない。読みたい本はどんどんふえる。」これは、皆さんの先輩の、石川台中学校の卒業生の人たち、その人たちが残したことばです。

(『国語教室おりおりの話』)

「読書生活の記録」をつけていたことは前項にも書いたが、それが「読書の記録」でなく、「読書生活の記録」であることを、大村は強調していた。単純に、本を読む、しかも良書を読む、そういう限定的な読書よりももっと広い世界を、中学生に見せようとした。たとえば、ちょっと興味をひかれた新刊書の広告を、ただそのまま見過ごすのではなくて、小さなハサミで切り抜いて、用紙に貼り込んでいく。余白には掲載紙の名や日付を書き込んでおく。そういう作業の知的な楽しさと意味を、若い文化人たちに伝えたがっていた。

そんな中で、「読みたい本」を記入していくページは、「読んだ本」と同等か、それ以上のものとして大事にされていた。「「いま、どんな本を読みたい?」と聞いて、ひとつも本の名前を言わないような人は、つまらない」ということを、大村は大まじめな顔で言った。中学生にしてみれば、「つまらない」というのは大変なことだ、偉い、偉くないなんていうことより、つまらない人だと言われる方がよほど重大なことだ。それで、「読みたい本」を胸に持つことを大事にした。これは、図書館や本屋さんへ行く時のためのメモ、というような現実的な目的をゆうゆうと越えた世界だった。読んだ本は、嘘でもつかない限りそう簡単には増えていかないが、読みたい本は面白いくらい増える。一人一冊ずつもらっていた書店の出版目録などを見れば、「ちょっと読んでみようかな」という本はどんどんと集まった。

この「読みたい本」を書き留めるという試みの背景には、「暮しの手帖」誌に花森安治さんが書いていた次のようなことばがあるのだという。

「奥さんが買物かごをさげて毎日買物に出る。ついでにちょっと本屋さんに寄って、本を手に取る人もいるでしょう。手に取りもしないが、ずうっと本の背中を見て、忙しいのでそのまま出てしまう。買いもしなければ、読みもしない、そういうことでありましても、買物かごさげて毎日出ても、本屋へ寄ったこともないという奥さんに比べると、人相が違う。」

公立中学校という、ごくごく普通の生徒の集まる場で、読書生活の指導が、こういう種類の豊かさを目指すものであったことは、現実的であるし、あたたかなことだ。一冊を最後までちゃんと読まない限り、読書とは認めないということであったら、本はずいぶん遠いものになる。かりそめにも読みたいと思った、興味をひかれた、題名だけでも面白く感じた、「いつかは」と思った、そんな本を、自分の読書生活の範囲内のこととして記録する。そういうことまで含めた読書生活ならば、大人になって、どんな暮らしをするようになっても持続できるのではないか。それは、文字通り文化に近い暮らしであって、たしかに人の人相にまで表われることがらなのではないか。

「読みたい本が言えないような人はつまらない」。三十数年前に聞いたこのことばは、ちょっとおかしいくらいに私の中に染みついていて、今も私は「読みたい本」を胸に持つようにと思って暮らす。同じせりふを聞いた中学の同級生のうち、どのくらいの割合で、「つまらないと言われては大変だから、読みたい本をいつも持つのだ」という気分を持ち続けているか、調べられるものなら調べてみたい。

㉙ 書く力

いい作品、おとながほれぼれするような作品ができるか、できないかということについては、私はたいへんとおおらかに考えていまして、気にいたしませんでした。人間の成長がないところには文章の伸びはないということも考えますし、そんなに文章の上手な人はたくさんいないものだということも考えます。また、学習はいっしょにやっていますが、その結果が見られる時期は、じつにまちまちであることも考えます。結果、効果、——私がそういうことを気にしたら、子どもはどんなに不幸せかと思うのです。……もっともっと書く力というものは、根本に培われていくべきもの、そして、その人の上手・下手ということとかかわりない世界で根深く、根強く、成長するものと思うのです。

(『大村はまの国語教室2』)

書くことの教育の目標を、いい文章が書ける、というところに置かなかったところが、非凡である。

もちろん、書く力は熱心に、ていねいに鍛えた。ありとあらゆる場面で、書くということは生徒の仕事の軸になっていた。書く力は書くことによってしか育たない、と、とにかく記録でもメモでも、アイデアの走り書きでも、書くことはうんと大事な仕事だった。けれども、その熱心さを、「おとながほれぼれするような」「いい作品」「上手な文章」の方向には向けなかった。先生の指導でこんなすばらしい作文が書けました！　というふうな、目に見える教育成果としての作文は、国語教師にとってはきっと大きな誘惑であったはずだ。ちょっと勘のいい子に題材や構成などをうまく助言すれば、コンクールで賞がもらえるような作文だって、書かせることができる。そういう誘惑を、きっぱりと切り捨てている。

「もっともっと書く力というものは、根本に培われていくべきもの」。「人間の成長がないところには文章の伸びはない」。書くということは、単に、ことばを選び、飾る、という人間の外側にある技能で、端から習得していけばいいというふうには、大村は思っていない。もちろん、知識、

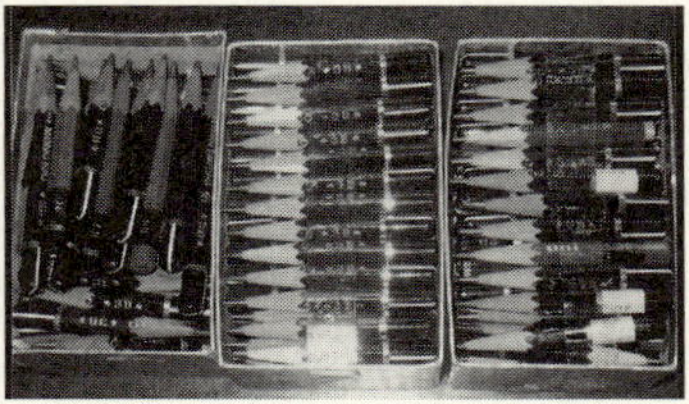

全集の執筆でチビた鉛筆を、行儀よく並べて残した。愛着のひとつの姿。

テクニックという乾いた側面もあるけれども、書く本人を越えたものをいくら熱心に手際よく教えても、ようやっとのことで呑み込ませたようなことは、結局はかなく消えていってしまう。

「中学生なんかは一生の間で、いちばん作文の下手なときではないかと思っているのです。どうしてかと言いますと、生意気で、あまり深くものごとを考えないのに、軽率に何か言い散らすのが得意な時代ですね。あまりものを深く考えることができないのです。ですけど、いろんなことを浅く知っているのです。そして、自分らしい考えなのか、それとも人の言ったことなのか、あまり区別のつかないときなのです。」(『大村はまの国語教室』)

「平凡な生活で、大げさなことばを使ってみたくて、よくわかっていないのに、わかっているように威張ってみたい、そんな人がどこかにいたとして、そんな人はどんな文章を書くと思われますか。だめな文章の標本のようなものを書きそうです。それを全部備えているのが中学生です。」(『教えながら教えられながら』)

さんざんな言われようであるけれども、おっしゃる通りである。こういう時期の子どもを相手に、むきになっていい文章を書かせようとしても、それは無理がある。この続きはこうなっている。

「そんなに先生も心配することではないと思います。しかし、題材を与えたり、何かを手伝ったりしながら、とにかく、書かせてだけはいなければならない。心の中を字にするという活動、それだけはしなくてはいけないと思います。その子が成人して、わがままも、ことばのぜいたくも治まって成長したとき、初めて、その人の目で平凡な生活からいい題材を見つけ、深い考えを持って、鍛えておいた、ごく基本的な書く力を、必要に応じ、場に応じてつかうことができる、書ける、というように育てておきたいと思います。」(『教えながら教えられながら』)

こういうのを、見識というのだなあ、と思う。

いい文章、いい作品をねらわない、とはっきりさせるのは、次のような理由もあると言っている。

「何となく、コンクールに入選しているような作品とか、そういったものが頭にあって、みんながそういうものを書けるようになることを、切に願っておられるような感じがします。それが、かえって、書くことをたいへん重大なことと考えさせ、なかなかできないこと、たいへんなこと、というふうに子どもたちに印象づけている気がするのです。あのような重いご指導を受けた後では、子どもはちょっと簡単には書き出せません。」(『教えながら教えられながら』)

教師の側がどんなに熱心に、周到に用意し配慮した授業であっても、子どもにとって、あまり重々しすぎないように、明るい軽やかさがあるように、ということを、大村は心がけていた。「筆無精でない人に」という、一見他愛もないようなことが、意外にも大村教室の「書く」ことについての第一の目標だったが、そういうわけなのだ。そういえば、大村は、筆無精を数字のゼロにたとえている。どんな大きな数字でも、ゼロを掛けると答えはゼロになってしまう。どれほど深い、魅力的な考えが生まれそうになっていても、筆無精は、それが生まれることを止めてしまう。掛けてゼロ、というわけだ。

㉚ これが書きたい

一つのテーマを持っていても、その取材がまずかった場合、これを、というものがなかった場合には、どんな筆力があっても、いい作品にはならないなと思いました……みんなが、作文が書けない、書けないという最大の原因は、書くことがないことでしょう。これが書きたい、ということがある場合、それをほんとうに書けないということは、珍しいと言えると思います。おとなだってそうだと思います。

（『大村はま国語教室』第六巻）

教室で、学習の一環として文章を書く、というときに、「よしっ」というような、自分でも楽しみなような気持ちで、原稿用紙に向かうという状況を作ることができるか。これが書きたい、誰に頼まれなくても、なんの義務がなくても、ことばで書き表してみたい。いろいろと複雑にことばを使っていかないと、言いたいことを十分に表せないかもしれない、大変そうだけれども、それでもいい、書いてみよう。……そういう、自分のエネルギーで動く主体的な「書く人」が教室にいるのかどうか。

大村は、書く人のそういう自然なエネルギーを本気で大事にした。義務感や、たんなる従順さでは、文章をつづっていく力にはとうてい足りないから。それで、書く種を持たせたいということを言い、題材集めに熱心だった。

「中学生というのは小学生と違って、あまりつまらないことは書く気にならないからです。書く価値ありと思わないと書かないと思います。……くだらないことをくどくど書いて、「先生、できました」と出す気になれない。なかなか頼もしいことだと思います。」(『教えながら教えられながら』)

そうだ、未熟な、修業中の身でも、くだらないと自分で思うようなことはしたくない。たとえ練習のためであっても、はりあいのある、自分でもその仕事をうれしく思うようなことをやりたい、それなら精一杯がんばってみてもいい、そんなちょっと生意気な気分を、頼もしさと受け取るところが、大村の精神的な若さだろう。

大村は、自ら題材を拾ってみせるということを、ずいぶんマメにしていた。生徒と一緒に暮らす日常の中から、身をもって取材してみせた。たとえば、中学三年の修学旅行のあと、京都・奈良の旅についての作文を書くということになったとき、大村は三十近い書き出しをプリントして、目の付けどころ、旅行中のあんなことも、こんなことも、一瞬のあの気持ちも、取り出して書いてみる価値や魅力があるということを、具体的に見せてくれた。生徒はそのてびきを読むうちに、自然に気持ちが旅行に立ち戻り、誘われて具体的な細部を思い起こし、その時々の微妙な心境を振り返る。そうそう、そうだった、と、もどかしいような気持ちが生まれてくれれば、もうエンジンはかかっている。ああ、あれを書いてみようかな、というものに行き当たる。少なくとも、ヒントくらいは得られるようにできていた。

大村は、研修会などで、「子どもが作文を書きたがりません」というような相談を受けると、こんなふうに答えていた。「子どもの数の二倍くらい、できれば三倍でも、題材を、あなたが拾ってみせるといいのです。先生なら、子どもたちとその生活をよく知っているのですから、それを大事な根拠として、一人ひとり顔を思い浮かべながら、あの子にはこの題材がいいだろう、この子にはぜひこれを書かせたい、というような具体的なとらえ方をするのです。そういう題材をてびきとして与えてごらんなさい。そして、それぞれの題材に、書き出しの一文を示すといいのです。きっと書き出しますよ。」

自分の先生が、一緒に見た光景、一緒に味わった体験の中から、たとえばこれ、こんなのも、と取材してみせる、書き起こしてみせる、そういうほんとうに生々しい指導というのが、学校の魅力なのではないだろうか。どんなに優秀なコンピュータにも、教科書にもできない、生きた教師と生きた子どもの間の、有機的なやりとりの魅力だ。あそこにも、ここにもある、平板な、よそよそしい学習ではなくて、自分たちだけの生きた授業、水入らずの勉強である。

そういう授業をなんども受けているうちに、何回かに一回くらいは、はは-ん、なるほど、と、ちゃんとたいせつな何かを受け取るものだ。目のつけどころの多彩さをのみこんで、示された題材をぽーんととび越え、自分の新しい題材で先生を驚かせてやろうという勢いまで、生まれることだってあった。

㉛ どんどん書く

どんな考えでも、たとい、よい考えと思わなくても、これかなと心に出てきたことは、どんどん書いて、字で書かれた「目に見えるもの」にしていくといいのです。するとと頭の中だけで、あれこれ思いくらべていた間とは違って、だんだん、光がさしこんでくるように、いろいろな考えの区別がついてきます。……ふしぎに結論が出てくるものですよ。

(『やさしい国語教室』)

書くという行為はどういうことか。

そんな、ひどく抽象的なことを、大村は考えていた。普通はもう少し先の地点からスタートして、書き方のルールや技術を学んだり、練習したりする。でも、大村は、そういう努力をする根拠として、書くということがどういう意味をもっているのか、なぜそんなに書くことが大切なのか、それを確かめておきたい、という気がしていたのだろう。目隠しされたままではがんばれない、そういう人であったから。

書き留めるということ、記録することの大切さは、言うまでもない。その内容自体が、重要な資料になる可能性もある。が、そうでなくとも、今ここでこうしている自分というものを書き留めるということは、それだけで自分自身をていねいに心を込めて扱うことと同義である。だから、書くことは大事だ。

また、社会生活の中で、書くという行為は、コミュニケーションの重要な手段でもある。情報はすべて書かれたものとして行き来している。つまり、書くことは情報を発信することと同じと言える。だから、やはり書くことは大事。

そして抽象度の高いもう一つの価値を、大村は生徒に何度も話していた。それがこの冒頭の文章にあることだ。心にあることを、どんどん書いて、字にしていく、目に見えるものにしていく、するとだんだん光が差し込んでくるように、いろいろな考えの区別がついてきます。不思議に結論がでるものです……だから、書く。

心と言ってもいい、考えといってもいい、とにかく自分のうちにある未整理のもやもやとしたなにかに、ことばという形を与え、しかもそれを字という目に見える形にする。別に決定版として、立派な文章にまでしなくてもいい。無理に一つのことばや整った文章にまで追いつめ、結晶させる必要はない。メモでも走り書きでも箇条書きでもなんでもいいから、字にしてみる。別に人に見せるわけではないから、字なんかきたなくてかまわない。

そうやって心や頭に相談しながら、手をせっせと動かしているうちに、あら、私の中からこんなことばが出てきたよ、と自分でも意外に思うようなことが起きたりする。そのことばは、ひょっとしたらものの弾みで、間違えて出てきたものかもしれないけれども、実は自分にも気づかれずにひっそりと存在していた感情だったり、考えだったりするかもしれない。別に字に書かなくても、同じようにことばで自分の中を覗くことはできるが、まさか独り言を言うわけでもなし、ことばは心のなかで黙っているかぎり、意外と不定型なものなのだ。だから、書く。目に見える形にする。大村はこんな言い方をしている。

「こんなことは書いたってしょうがないとかなんとか思いながら、だんだんだんだん自分の殻の中にはいっていって、自分の心を開拓できないわけです。」「書くということは、出せば出すだけあとからあとからことばが生まれてくるような仕事なんです。それだのに、そういういい子どもに限ってこんなことは書いたってつまんないというようなことをじっと考えているだけで、ことばにしないわけです。」（『国語教室の実際』）

自分で早々に価値を見切って「こんなことは書いたってつまんない」などと言わずに、書く。自分の殻の中に入らないで、書く。書くことできっとなにかが開かれる、心が開拓される、光が差し込んでくる、と言うのだ。ここに書くことの価値の基本をおいていた。

ところが亡くなる前年に、大村を呆然とさせる出来事が起きた。平成十六年六月に長崎で起きた、女児による同級生刺殺事件だ。それを大村は周囲が心配するくらい深刻に受け止め、食欲をなくし、予定していた講演をキャンセルしたいと言い出すほどであった（一度決めたことは、よほどのことがないかぎり実行した人だから、キャンセルというのは、ほんとうに重大なことなのだ）。小学校の同級生のあいだで起きた事件というだけで大きな悲劇であったけれども、大村にとってさらに大きな衝撃であったのは、加害者となった女児が、事件を起こす前に、こまごまと自分の考え、いらだちや不満などをネット上に書き込んでいたということだった。新聞や週刊誌に紹介された、その年齢のわりに達者な文章を読んで、大村ははたと考え込んでしまったのだ。これだけ書いて、これだけ時間も使って、手も頭も心も使って、「書く」ということをして、なぜ、どこかで止まれなかったのか。書くということで、この女の子に、せめてもうほんのちょっとだけでもいい、ましな結論が出なかったのか。

書くという行為がもつ可能性――心にあることを目に見えるものにしていく、だんだん光が差し込んで、不思議に、なにがしかの結論が出てくる。その結論は、夢のようなものでも、現実をすっかり変えるようなものでもない。でも、ぼんやり漠然と、あるいは感情のままに流されていくよりは、せめて一ミリでも〇・五ミリでもましな結論が得られるのではないか――を、大村は基本的には信じていた。それを根底からくつがえしそうになったのが、あの長崎の事件だった。

大村はインターネットに大きな興味をもち、キーワード検索で情報を集めるというようなことを自分でやってみたいと念願していた。その功も罪も、ある程度は把握しておきたいと本気になって願っていた。年齢や体調のために、片鱗を垣間見る、というところでとどまったが、もしも、ネット世界に潜んでいる悪意などを知ったら、どう言っただろうか。書くということと、パソコンのキーを打って書き込むことは、違うことなのだろうか？不特定多数の読者に匿名で発信できるネットという場に、大村の九十八年間の信念を覆すような、新奇な罠があるのだろうか。

学ぶということ

㉜ 自分がいちばんこわい批評家

テープを聞いていますと、話のまずさが身にしみてきます。こんなくどい話を、子どもたちはよく聞いてくれたと感心してしまいます。自分がいちばんこわい批評家だと思います。自分に対する自分自身の批評がいちばん峻烈で、余すところなくよくわかります。

（『教えながら教えられながら』）

魅力的な話し手でありたい。それは、多くの教師が願っていることだろう。教育という仕事の基本は、ことばで伝えるという部分なのだから、きちんと伝わることばを発することができるかどうかは、教える人として死活問題である。

意外なことだが、話すことが苦手という教師はけっこう多いらしい。勉強が好きで、得意で、知の世界に魅力を感じて、それで教師になるというケースが少なからずある中で、自分がわかるということと、そのわかっていることを人に（しかもいろいろな力が未熟な人に）わかるように伝えるということは、まったく別のことなのだという厳しい事実がある。伝えるためには、ことばを磨く必要がある。

そういう「伝える」という役割の他にも、大村は、すぐれた話し手となることの意味を何重にも考えていた。

「聞く耳を持った子ども」にするためには、「聞くに値する話、思わず聞き入ってしまう話のできる教師」でなければならないということ。

また、ふだんからよく整理され工夫された話を聞くことで、考える力が少しずつ育ってくるということもある。ごちゃごちゃとした、飛躍の多い、混乱した話を聞いていたら、聞く方の頭まで混乱してくる。だから、教師はよく選んだことばで、すっきりとした構成で話す。それを子どもは一度で聞き取ろうとする。そういうきりりとしたやりとりの中で、少しずつでも着実に、読解の力、要約の力、ことばの感性などが育っていく。

それに、魅力ある話を囲んで、子どもたちと生き生きとした心の交流が生まれたときには、子どもが、花がほころびるように自然な姿を見せて、ほんとうのことばを返してくる。たてまえやよそ行きでない声で、ふっと話し出したりする。大村にとって、それは子どもを知ることの土台になっていた。

これだけいくつも大事な役割があるのだから、「話す」ということを本気になって考え、鍛えていくのは、当然のことだった。大村は淡々と、ご飯を食べるのと同じくらいの調子で自分の話しことばを磨きつづけた。演劇やテレビを見るときには、そんな興味を持ちながら見ていたし、自分の授業を頻繁に録音して、たとえ一部でも聞こうとした。単元の要所要所で子どもへ聞かせる「お話」も、あらかじめ家で話してみて、そのテープを聞いてことばを練ったり、構成をいじったりした。大村は、話がくどくなりがちであるという自覚をもっていたので、それはいつも気をつけてチェックした。

冒頭に紹介したのは、そうやって自分で自分の話しことばを聞き、チェックする、ということについてのことばだ。「私自身が最もきびしい批評家の一人だろう、私自身がいちばん鋭く、きびしく批評できる、と気づきました。人さまを煩わすことはないと思いました。ひとりで聞いて、ひとりでびしびしと自分をしかりました。……ひとりで赤くなったりしました」（『大村はまの国語教室3』）ともいう。資料に埋もれたアパートの部屋で、深夜、一日の仕事に疲れ切った大村が、ベッドに入るまえの最後の時間を使って、「峻烈」とまで言うような批評を自分にくだす姿を想像すると、その厳しさにたじろぎそうになる。

何かの機会に自分の話を録音したものを聞いたことがあるという人は少なくないだろう。あれはいやなものだ。たいていは、声にならないような声を立てて耳をふさぎたくなる。自分をびしびし叱るどころではない。まともに聞いていられない。「本職だから、まともに聞くんですよ」（『教えることの復権』）と、大村は言う。職業意識が、恥ずかしさも、自意識の痛みも、情けなさも乗り越えさせて、他人以上に峻烈な批評のことばを自分に向けることができるようになるらしい。優れた批評をしてくれそうな人は、たいてい、暇をもてあましているわけなどなくて、そういう忙しい人をしじゅう煩わせることはできない。

なによりも、真剣に、しかも役に立つような批評をするというようなことは、大仕事であって、気楽に頼めるようなことではない。頼んだからといって、そこに人情や温情がはたらいて、本音の、手加減しない批評が聞かれる保証はない。だから、自分がびしびしと批評するということになる。

自分を真正面から見て、甘やかしもせず、かといってなにもかも駄目というふうに絶望もせず、優れた点も足りない点も同じくらいの平静さで認める。自分を客観的に眺める。それはどれほどかむずかしいことだろう。どの分野であっても、さすがというような仕事をする人は、こういう視線をしっかりと自分に向けられる人なのだろう。それを支えるのは、やはりプロ意識なのだろうか。

そんなふうにはなかなかできないなあ、年齢を重ねると共に、だんだんできるようになっていくのだろうか、と心許なく思うばかりだが、「ひとりで赤くなったりしました」ということばが、いくらか距離を縮めてくれるようでうれしい。そうか、先生も、やっぱり赤くなったりするんだ！

㉝ 一生けんめい

自分のしたことを自分で「一生けんめいやりました」と言うものではないということを、一年の最初から教えていた。……他の人の批判を封じるような言い方であり、甘えた言い方である。……そのうちに、この言い方は、そんなにきびしく考えなくてもいいのではないかという声が出てきた。しかし私は、このことばを大切にしたいと言い、ほんとうに一生けんめいになることのむずかしさを言い、また、ほんとうに一生けんめいになっているときは、一生けんめいになっていると思わないものだ、意識しないものだと言ってゆずらなかった。

（『大村はま国語教室』第六巻）

「一生懸命」という、ありふれた、世間では手あかにまみれてしまったようなことばを、その汚れをむきになって払って、本気で大事にした。研究や仕事の成果を発表するような折に、「とても難しい課題で、不十分なところもまだたくさんあるのですが、一生懸命やりましたので、聞いてください」というような挨拶をすることは、世の中でよくあることだが、それを、大村は一年生の最初から、つまり十二歳の子どもたちに向かって、認めなかった。

「一生懸命やった」と言うことによって、「もうこれで精一杯、これ以上は求めないでください、一生懸命やったんだから、これでいいことにしてください」という隠れたメッセージを発信してしまうことを、伸び盛りの子どもにさせなかったのだ。「若くて少年でまだまだこれからの人が「一生懸命やりました」とあまり大きな声で言うものではない。一生懸命やるのが当たり前であって、それでもよくできないけれども、そこはもう了解事項なのです」(『教室をいきいきと1』)。それなのに、一生懸命を盾に批判をかわそうとするなんて、大村から見れば「甘え」としか思えないのだ。大村はその甘えのベールを容赦なく剝いで、教室から追い出そうとした。ほんとうに勇ましい人だ。

少年はそんなであってはいけない、学ぶ人は、「人に叱ってもらいやすい、教えてもらいやすい人間でありたい」と言い、心からの率直な意見が、気持ちよく行き来するような勉強の場、その手応えを知らせたいと思った。そうやって伸びていく人たちの教室にしたい。それで、自分のしたことについて一生懸命と言うことが禁句となったわけだ。「ほんとうに一生けんめいになっているときは、一生けんめいになっていると思わないものだ、意識しないものだと言ってゆずらなかった」と言う、この「ゆずらなかった」というあたりに、大村らしい断固たる姿勢が見え、多くの元生徒たちは、思わず懐かしくなるところだろう。

私は、「大村はま国語教室の会」(大村の死後、「大村はま記念国語教育の会」として改めてスタートした）の事務局を途中から預かり、会報を発行してきた。その会報には、毎号、大村による本の紹介や、近況を伝える文章が載ることになっていた。まず手書きでていねいに清書した原稿がファックスで送られてきて、その後、電話がかかってくる。その電話が、いかにも大村らしかった。送った原稿は、ちゃんと読める状態で届いたか、読みづらい文字などはないか、表現や内容のことでも、なにか気づいた点があったら、遠慮なく教えてほしい、他の記事との関係で不十分な点などがあるようならば「どのようにも書き改めますから、言ってください。お願いね。」

私は大村よりちょうど五十歳年下で、かつての生徒である。そういう者に向かって、ここまで謙虚な姿勢を示すということに、私はいつも脱帽というような気持ちでいた。一つの仕事を前にして、このくらいの気持ちでいないと、人から本気での批評や助言を引き出すことはできないのだ。年長者となったら、余計にそうなのだろう。敬意や遠慮が、人からの率直な意見を押しとどめてしまう。

大村のそういう気持ちを汲んで、私は、気づいたことをさっぱりとした調子で、遠慮なくどんどん言うことにしていた。もちろん、最初は躊躇した。傑出した国語教師である恩師に、文章上のことで、いったい何を言えるというのだろう。私のほうが先に構えてしまっていた。けれども、実際に疑問に思う点が見つかることもあって、おそるおそる、元気を出してそれを口にすると、大村は、ほんとうに嬉しげに「ありがとう」と言い、その疑問や指摘を一つ一つていねいに受け取って、一緒に額を寄せ合うようにして、ではどうしよう、こうしたらどうだろう、こんなことも考えられるわね、というふうに進めていった。会報を作ることはけっこう苦労も多かったが、毎号、そうやって大村と「検討会」をしたことは、愉快な、刺激的な思い出である。

考えれば、そういうふうに一緒に一生懸命になる仕事仲間、勉強仲間を、大村はなにより欲していたからこそ、一生懸命やりました、と言うせりふを禁じていたのだろう。いちばん一生懸命な人が、そのことばを自分の仕事にたいしては使わない、それが面白い。

㉞ 自分の仕事を愛する

自分のやった仕事のいいところ——これはうまくいったというのを書き残しておく。これは仕事に対する愛情ではないでしょうか。愛着のようなものです。自分の仕事がとてもかわいくなって、そして、やっぱり腕前の上がることではないかと思います。

そうやって、自分で自分の仕事を愛するということが、結局いい仕事のもとになるのではないかと思います。……自分の仕事を愛して、自分の足跡を愛して、それをちょっとでも残しておけば、育てようとしなくても、そんなにまで仕事を愛している人は、どこか育ってくるのではないでしょうか。

（『授業を創る』、『新編　教えるということ』）

記録することの大切さを、大村は恩師である芦田恵之助からも、西尾実からも教えられている。芦田は、手を動かして書くという仕事の尊さを言い、西尾は確実な記録が残ることの意義——知識や経験が積み重なるための基礎であるということ——を説いた。

しかし、もっとさかのぼるならば、大村の母、大村くらの存在がある。この母は、羽仁もと子さんの発行した雑誌「婦人之友」（創刊時は「家庭之友」）の、創刊号からの熱心な読者で、当時の文化的な、先進的な家庭婦人の代表のような人だった。フリルのついた、真っ白いエプロンを縫って、はまに着せたり、背骨がゆがむことを心配して、わざと二つの鞄を両肩からかけさせたりする、そういう進歩的な人だった。

その母が、羽仁さん考案の家計簿を、長年しっかりとつけていた。家庭の経済を計画し、実行し、分析し、改善や工夫の余地を探る、そういう本格的な家計簿を、きちんきちんととりながら暮らしていた。家計が楽ではなかったから、一家の財務大臣としての仕事といった真剣な雰囲気で、夕飯後のような時間に家計簿に向かっていた。実は大村も、亡くなるまで、簡単な家計簿をつけることを、一人暮らしのささやかな楽しみにしていた。

大村が、母のとったよい記録の代表として覚えていたのが、「弟の日記」である。四つ違いの弟がまだほんとうに幼い頃、子どもらしい、とりとめもない日々の暮らしを、姉、はまちゃんの視線から、はまちゃんのことばとして母が書いた日記だ。「今日は、雨がふっていたので、わたしは家で、はるちゃんに絵をかいて、お話をしてあげました。たくさんの人を描いて学校のお話をしたら、はるちゃんはニコニコとわらいました。かあさんも、うまいうまい、とわらいました」こんなふうな日記だったそうだ。

はまは六人きょうだいの四番目だったが、ふたりの兄が病で早世している。長兄の死とほとんど時を同じくして生まれた弟のことを、一家は、それこそ宝もののように、咳ひとつしてもびくっとするような気持ちで見守って育てた。この日記は、そういう家族の、いくぶんかの心配を秘めた慈しみの気分が表われたものだったのだろう。若いお母さんの工夫としてなかなかすばらしいものだった、戦争の混乱の中で失われてしまったことが残念だと、大村は語っていた。

記録をとるということを、仕事や生活への愛着のひとつのかたちとみる。こういう見方は、母を横で見続けていた大村にとっては、たいそう自然なものだったのではないだろうか。ていねいに、ていねいに生きていく、そのしるしが記録だということ。日々の暮らしの中で自分がやっていること、それ自体が自分なのであって、その一つ一つを大切にして、記録することが、結局はどこかで成長につながるのではないか、と大村は感じていた。

若い教師として赴任した諏訪高等女学校で、大村は作文指導を仕事の中心に据えようとしていた。生徒の作文に対して、「これでは見方が浅い。もうすこしつっこんで考えてみなさい」といったような注意を与えても、ほんとうに胸に落ちるようには届かない。大村は、「きっとこういうことを感じていたのではないですか」という具体的な表現を、生徒になり代わったような気持ちで、原稿用紙の余白に書き添えていくという指導をした。その指導法に手応えを感じた大村は、記録に残すことを考えた。昭和のほんとうの始め、もちろんコピーのない時代のことだ。夜なべ仕事で生徒の作文をまるごと写し、それに添えた自分の文章も赤字で書き写した。硯の墨も凍るような諏訪のつめたい夜に、火鉢で手をあぶりながら、時間をかけて筆写していった。どうやらそれは楽しい仕事だったらしい。こつこつと、自分の仕事をいとおしむ時間である。時には、生徒に、「たいへん良い作品なので、先生の手許に残したいから、もう一部、清書してちょうだい」と頼むこともあったが、生徒もまた、嬉々としてそれを承知したらしい。

大学を出たばかりの大村は、そのころまだ研究的な仕事を発表するようになると思っていたわけではない。大学生の尻尾が残っているこの時期に、こういうふうに自分の仕事を大事にしている。将来、この記録が役に立つとか立たないとか、そういうことよりも、やはり仕事への愛着というふうな、ゆたかな気分が感じられることだ。

㉟ たくさんのむだ

たくさんのむだをしなければ、やはり玉を拾うことはできない。でも考えれば、むだになったのではないのです。いいものを見つける背景として、それは必要だったのです。玉ばかりを見つけようとしても、玉ばかり落ちているということは、ちょっとないのです。あれこれの中にわずかに混じってあるわけです。

(『授業を創る』)

大村は九十七歳の誕生日を目前に、長年の世田谷での一人暮らしに終止符を打ち、横浜の生活支援型高齢者住宅へと引っ越した。健康管理と安全のため、周囲が強く勧めたのだった。それまでの弦巻の2LDKのマンションは、わりあいにゆったりとした広さがあり、一人暮らしの女性ならば十分すぎるはずだったが、実際には本と資料に埋もれ、地震がきたらほんとうに心配な状態だった。地震がこなくても、足もとがあぶなかった。退職後もとにかく本を買い続け、新聞、週刊誌、月刊誌を何種類も購読し、各出版社の出版案内、PR誌などの愛読者でもあった。新聞以外はほとんど捨てることをしなかった。それで、歩く通路を確保するのがやっとというくらい、印刷物の海の中の暮らしだった。

横浜の住宅は一室である。小さなキッチンがついていて、机とベッド、つくりつけのクローゼット以外は、本棚がようやく一つ。そこに引っ越すために、一カ月半で世田谷の暮らしを片づける必要があった。本と資料のほとんどは鳴門教育大学附属図書館にある大村はま文庫へと納め、ほんとうに身近に置きたい愛着のあるものだけを選りすぐって、横浜に持って行くことになった。二、三人で、集中しての片付けが始まった。

私は何日通っただろう、最初の半月は、箱に詰めても詰めても荷物が減ったように見えなくて、夢の中にも大村の部屋が現れた。それでもなんとか片づけやすい本があらかた片づいてくると、残ったのは、信じられない数の茶封筒の群れだった。さまざまなサイズの茶封筒で、半分くらいは郵便物として届いた封筒を再利用したものであった。それが、箱や大きな紙袋に縦にぎっしりと入れられている。それが山のようにあるのだ。封筒の中を見て呆然とした。どれにもさまざまな切り抜き、新聞・雑誌の一ページ、原稿の構想メモ、下書きなどが入っている。古いレシートなども混じってあったから、捨てていいかな、と気軽に大きなゴミ袋に入れたら、ソファーに座って手紙の整理などを静かにしていた大村が、「今のはなあに?」と声をかけてきた。

「茶封筒に古い印刷物がいろいろ混じって入っているんです。こういうレシートなんかは、要りませんよね。新聞のこんなちっちゃな切り抜きも入っていましたけれども」と、すっかり赤茶け、乾燥しきってぺりぺりになった新聞の記事を手渡した。大村は、どれ、と座り直してそれを読むと、少し考えて、「ああ、きっと、このことばの使い方が珍しいと思って、切り抜いたのだと思いますよ。新しい茶封筒に入れ直して、表にそのことばを目立つように書いておいてちょうだいね」と、当然のごとく言ったのだった。

そんなふうにして、日々暮らしながら、教材の卵をたゆまずに、楽しげに集め続けて、大村はこの数十年を過ごしてきたのだろう。どんなものでも、子どものことばをゆたかにする種、国語教育の網にひっかかりそうな素材を求めながら過ごし、その目の細かい大きな網にかかったもののことは、たいそう大事にした。私が、迫ってくる引っ越しの期限に追い立てられて、乱暴にどんどんと処分していきそうなのを、大村ははらはらしながら見て、遠慮がちに、「何を捨てたの?」「もう一度、それを見せて」などと言ったものだった。申し訳ないことをしたものだ。

そんな過ごし方をした人だからこそ、二度と同じ単元はしない、というすさまじいほどの授業作りが可能だったのに違いない。部屋の印刷物の海に、心を惹かれた素材がたぶん使い切れないくらい漂っていて、自分なりの整理法で、どのあたりにどんな資料があるか、ある程度わかっていたのだろう。一つだけでは何の教材にもならないものが、時を隔てて、二つめ、三つめの格好の材料が出てきたとき、大村の頭の中でぴかっと電気が走るようにそれらがつながって、無理のない、面白い教材となる。

　西尾先生も、ものほしげに、急ごしらえに集めた教材の浅さを嫌い、「ふだん、単元とか、教材とか、そういうところを離れて、無心に、白紙で、読んでいたもの、それが、積もってきて、必要にこたえて浮かび上がってくる、そういうのが、ほんとうに、その本来の味を失っていない、作り物でない、生きた教材なんだ」（『私が歩いた道』）ということを言っている。その師のことばを、大村は見事なほどの徹底ぶりで実践に移して暮らしたのだ。「網がずうっと張ってあるので、ある日の材料がひっかかりますけれど、ひっかかる瞬間に合わせて網を張るということは、まずできないでしょう」（『大村はまの国語教室3』）という言い方もしている。背景として必要な無駄というのを、平然と当然視していた。

　集めた材料の大半は埋もれたままだったろう。大村の欠点というのを挙げるとしたら、整理に熱心でなかったことかもしれない。片づけ下手であった。収集の量とスピード、前へ前へと進む仕事、その中で情報整理は十分にはできなかった。だから、部屋は茶封筒の

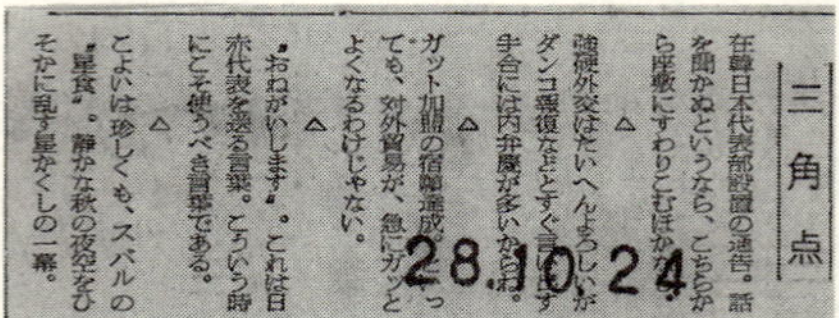
三角点

在韓日本代表部設置の通告。話を聞かぬというなら、こちらから座敷にすわりこむほかない。

△

強硬外交はたいへんよろしいがダンゴ報復などとすぐ言い出す手合には内弁慶が多いからね。

△

ガット加盟の宿願達成といっても、対外貿易が、急にガッとよくなるわけじゃない。

△

『おねがいします』。これは日赤代表を送る言葉。こういう時にこそ使うべき言葉である。

△

こよいは珍しくも、スバルの『星食』。静かな秋の夜空をひそかに乱す星かくしの一幕。

28.10.24

使われずに残った教材の種。昭和28年の新聞から。大村の目をひいたのはどのことばだろう。

海となる。けれども、とにかく捨てなかった。捨てさえしなければ、いつか、どこかで、ひょっとしたら別の誰かに見出され、役に立つということもある。そんなことがあったら、ほんとうに楽しい。

㊱ 途方にくれる

子どものことというより、自分の身を振り返って考えたのですが、持っている「力」というのは、使い切った時に伸びるもののようです。大してない力でも、ありったけ使うと、また、どこからか湧いてくるのではないか、誰かが哀れに思って賜るのではないかと私は思いますが、使い切らないことには湧いてこないようです。……かわいそうになるほど、持っている力をみな使って途方にくれるようにすることが、次の力を得るもとになるようです。

(『教室をいきいきと1』)

かわいそうになるほど、持っている力をみな使って途方にくれる。大村自身そういうことが何度もあったのだろうと思う。

いや、この言い方は違うかもしれない。「ありあわせの力で間に合わせる」ということを、嫌った人だ。ああ、これならいつものあの調子で仕事すれば大丈夫、できる、できる、たいしたことではない――そういう余裕を残した姿を嫌った。「ありあわせの力」でやれるという時の、ゆるみや、油断が、毎日新しい日を迎えて伸びていく子どもたちに、どうしても釣り合わない、対抗できない、と感じていた。だから、「何度も」ではない、「いつも」持っている力をみな使って、しょっちゅう途方にくれ、ぎりぎりの工夫を編み出して仕事をしていたのだ。そういう時に、後で思うと、よくぞこんなことを思いついた、というような案を得たり、ひらめきがあったりする。「誰かが哀れに思って賜るのでは」と、自分で何度も思ったのだろう。

そして、こういうふうに、能力に圧をかけるというか、負荷をかけるというか、そういう状態をどの生徒にも、しっかりと経験させたいと思っていた。だから、その授業は、魅力的なものであったのは確かだが、たいへんな思いをさせられた。大村先生の授業は、いつも手のひらに汗をかくと、中学生の頃の私は家で言っていたらしい。そのことを話すと、大村はにこにこして、「そう、そういうふうにしたいと思っていた。汗をかかせたい、精神的にも汗をかかせたいと。授業を、ありあわせの力の範囲で、余裕綽々《しゃくしゃく》にこなして、汗もかかずに楽をしている、ということは、絶対にいけないと思っていたんですよ。あなたに汗をかかせて、ああ、うれしい」と言った。心ある教師の多くが、「中くらい」の力を持った生徒や、理解の遅い生徒を大切にすることは気づくのに、力のある生徒がその力を精一杯使っていないことは見過ごしている、と大村は憤慨していた。どの子も等しく「途方にくれる」くらいに力を使わせたいと、単元学習は作られていたのだ。

だから、大村教室では、誰もがぎりぎり、なけなしの力を総動員せざるをえない機会が、いくらでもあった。どの生徒も、その力の多寡にかかわらず、かく汗の量は同じであってほしいと、大村は願っていた。生徒としては、ふうふうとがんばったことだけは自覚していたが、そのとき、きっと、新しい力も少しずつ、ついたのだろう。だから、苦しい中にも張り合いよく、いきいきとした気分で食らいついていったのだろう。

十二歳から十五歳という時期にそういう日々を送ったことは、貴重だった。このごろ、大村教室での三年間のことを知る人に「うらやましい」と言われる。たしかにうらやましがられるだけの価値はある。

㊲ 悪い頭をおぎなう

悪い頭をおぎなう良い手段を持とう

（生徒の学習記録から）

この大村のことばは、私のすっかり古びた学習記録に書きとめられている。私はどうやら中学生の頃から、大村の示す、学ぶ人、考える人としての知恵というものに、そうとう興味を持っていたらしく、学習記録の欄外には、その種のことばがたくさん見つかる。おそらく、ある時期からは聞き逃さないという意識でいたのだろうと思う。

たとえば、次のようなことばが見られる。

「やればできることをやらないのはやめよう」

「がんばれば、どんどん力がでるものです」

「コチコチにならず、緊張することが大切!」

「いい仕事ができるときは、いちばん普通の状態のとき」

「予定を立てること自体に多くの時間をかけないように。いろいろな障害(病気、心の病気)を計算にいれておく」

大村は、教室においては、もちろん教師であり、もう教師中の教師であるけれども、でも、どこか、一般的にいう教師という枠から出る部分、教えるという仕事からはみ出す部分が、生徒からも見えていたような気がする。それが何かと考えると、「学ぶ人としての先輩」という姿だった。大先輩であり、しかも大事なのは、現役の先輩であったということだ。

それは大村が自覚して守り通していたことだ。日々、なにか新しいもの、高いものに向かって研究を続けていなければ、伸びようとしている生徒と別の世界の人間になってしまう、そういう覚悟で、いつまでたっても現役の考える人、学ぶ人だった。

これは、単に気構えの問題、精神論と受け取られるかもしれないけれども、大村教室の生き証人として言わせていただくなら、そうではない。生徒の目からも、大村先生が、汗をかきながら勉強する人であるということ、それがただのポーズでもなければ、栄光の昔話でもなく、今、現に勉強に苦しんだり、喜んだりしている人である、ということは、本当に実感を伴って理解できることで、それは、私たちにとってとても大事なことだった。何より親しみを感じるもととなったし、また、自然な尊敬がじわりじわりと湧いてくるもとにもなっていた。

「悪い頭をおぎなう良い手段を持とう」ということばも、教師が生徒に対して「あなたの悪い頭を……」と言っているのではなく、勉強の先輩が、勉強の後輩に向かって、「経験上言うんですが、私たちの悪い頭を……」というスタンスで言っている。少なくとも、私はそういう向きで受け取っていた。だから、素直に先輩の知恵を聞く気になっていたのだと思う。

大村の展開した単元学習は、ひょっとすると、この「悪い頭をおぎなう良い手段」を、あとからあとから、いろいろな場面に即して、いろいろな可能性を探って、具体化したものだったと言えるのではないか。頭を良くするなどということは、そう簡単に叶うことではなくて、順調に良くなっているのかどうか、だれにもわからないことだが、知的な仕事をする上での良い手段や技術を身につけることは、確実にできる。それを先輩から伝授されるのは、決して嫌なことではなかった。面白いくらいだった。

大村から伝えられた「悪い頭をおぎなう良い手段」の例を、思い出しながらいくつかあげてみる。

- 考えを掘り起こすには、まずは、いい考えかどうかという価値判断をまったくせずに、頭がカラになるまで、どんどんと考えをカードに書いていく。せっせと、夢中というような勢いで手を動かして、底に沈んで意識に上らなかった考えまでをすくい上げる、価値判断はあとからゆっくりすればよい。
- 分類作業というのは、一対一の比較をこつこつと、慎重にくり返していくことによって、着実に、確信をもちながら、安心して行っていくことができる。
- 目の前の仕事にもっとも適した様式の用紙を、最初から用意して作業をする。
- 情報をカードに書き込んでいくのは、便利な方法だが、記入の最初の段階から、必要な情報をしっかり入れ、様式を統一し、シンプルにする。一枚に一つのことしか書かないように。
- 比較の作業をするときには全体が一目で見渡せるような形を作る。

こういう種類のことである。こういうふうに仕事をすれば、そんなにすばらしい頭でなくても、ちゃんと手段や技術が補ってくれて、ある程度の線までは達することができるわけなのだ。それは、ほんとうに安心なことだ。こうして進めていけばいつかはできるぞ、と安心していられること、それは非常にありがたいことだ。

この種のことを、理屈として習ったのでなく、目の前のこの仕事をこうするのがもっとも適している、というように、その時その時のこととして具体的に実習したこと、しかもその手段や技術をその場の目的に合うように工夫したのが、目の前の大村であったこと、世の中でここにしかないオリジナルの工夫であったことが、迫力にも、説得力にもなった。自慢でもあった。生徒である私たちが自慢するようなことではないのにおかしいが、なぜだか、ちょっと誇らしい気持ちがあったのは確かだ。

三十数年前、都会の小さな川を見下ろすあの図書室で、大村大先輩から習ったこうした知の技術が、なんとかこの頭をおぎなって、今この本を作っているわけである。

教えるということ

㊳ 経験上そうなのです

（話し合いをしていて）発言のあいだあいだのときに、顔を上げて考えてる人と、こうやって下を向いて考えている人がいるんです。その、顔を上げている率が多くないといい話し合いにならないのです、子どものばあい。下を向いていても考えていますよ、もちろん。ですけれど、……いい話し合いになるときは、話してないときにみんなが上を向いているのです。そういうふうに教室をご覧になるといいです。首を上げてなさいなどと言うんじゃないですよ。自然に表れてくる様子を見るのです。……経験上そうなのです。

（『大村はま国語教室の実際　上』）

こういうことばを聞くと、頭を下げざるをえない。五十二年間、鋭い目で教壇から子どもの姿を見続けた人の、堂々たる知恵である。

いい話し合いになるときは、発言のあいだあいだに、子どもが顔を上げて、上を向いている——本気でひとつの仕事に取り組んだ人の、こういう生きた現場からすくい上げた知恵というものには、浅薄な理屈などの及ばないすごさを感じる。年長者を重んずるということは、形ばかりの礼儀や道徳などではなくて、こういう、身をもってすくい上げた真実といったものが手渡してもらえるから、だから、人間の社会にとって大事なのだと、あらためて思って、神妙な気持ちになる。

話し合いに加わっている、その自分の姿勢というか、気持ちというか、関わり具合が、体に表われるのだろう。いろいろな発言にしっかりと自分の関心がついていっていて、脳が、心が、精神が、明るい生き生きとした状態になっている。自分の発言すべき機会をつかもうとし、また、聞き役にまわっているときでもやりとりを面白く聞いている。そういうときには、自然と顔が上がってくる、というのだ。

「話し合いは、とにかく、明るい気持ちでないとできません。弾んだ気持ちと言ったらよいかもしれません。気持ちの弾んでいない子どもが発言するということは、ちょっとないだろうと思いますと、どんな手伝いをしてでも心を弾ませ、そして、みんな、困らせないで話し合いをさせたいと思います。」(『大村はまの国語教室』)

それを、現象的にみれば、「上を向いている」ということになるわけだ。じいっと下を向いて、考え込んでいるような子どもが多くなるような話し合いは、話し合いとしては重苦しすぎて、あの年頃の子どもには手に余る状態なのだろう。

とにかく、「上を向いている」という単純明快な形を、「いい話し合い」という程度の高いことがらの指標として取り出したことは、すごい。

「首を上げてなさいなどと言うんじゃないですよ。自然に表れてくる様子を見るのです。」というのも、教師の心理をよくわかった発言だ。「子どもが上を向いている話し合いはいい話し合い」と聞くと、「ほら、話し合いの時は、首を上げて！」などということを言ってみたくなる。逆もまた真なり、と信じたくなる。実際のところ、この逆向きの理屈は成り立たない。たいへんな迂回路を通らなければ、沈滞した、火の消えそうになった、心から参加している人の少ない話し合いを、「いい話し合い」にすることなどできはしない。残念なことだけれども。

「経験上そうなのです。」

こういうことを堂々と言える人を、プロと言うのだ。

㊴ 引き締まった気分

教室には、非常に引き締まった気分を作る工夫をしないといけないと思っています。引き締まっているということ——固いのでも怖いのでもないのですけれども、きりっと締まっている、そういう気分を作りたいと思いました。

(『教室をいきいきと1』)

とにかく教室は「きりっと引き締まっている」必要がある。これは大きな異論のないことだろう。子どもはなにしろ気が散りやすいし、ほんとうにしっかりと頭を働かせてものを考えるというのは、漠然と、なんとはなしにできることではない。

だからといって規則や叱責、教師の権威、成績という鎖などで縛って、力わざで引き締めようとすると、固い空気、怖い雰囲気になってしまう。明るくて、自ら動くいきいきとした子どもがいて、しかも引き締まっている、というのはたぶんとてもむずかしいことだ。ちょっとなにかが緩んだだけで、浮わついた調子になるし、また、締めすぎると、重苦しくなる。

大村は、ちょっとしたことの積み重ねで、教室の空気を明るく引き締めることに、本気で一生懸命になっていた。たとえば、四月に入学してきた元小学生たちを相手に、いつもまず、こういうことを言った。

「中学はおとなになる練習をする学校です。おとなは、話を一度で聞くものです。わからなければ何度でも言ってもらえるのは子どものうちだけ。聞き損なったら、もちろんまた話しましょう。でも、ちゃんとお詫びして、お願いしないとね。「すみませんが、もう一度お願いします」と言わないとね。」そう話して、しばらく黙って生徒を見ていると、雰囲気が締まってくるのがわかったという。そういう変化は、子どもの顔にも、姿勢にも、表われてくるものなのだろう。大村はこう言っている。

「この雰囲気のなかで、一ぺんでわかる話をしなければならない自分にじつはおののいていたのです。一度でわかる話——ほんとうは、一度で言っていないのです。ほかのことばで繰り返しています。二度言ったとは気がつかれないように。一年の初めなどは、だいたい、二度か三度は言っているのです。きびしく、一ぺんで聞くようにと言いながらこうした心づかいが必要です。それがありませんと、なんといってもまだだいたいけな中学一年生ですから、あまりに緊張したり、聞き損じのある自分が寂しくなったりします。（中略）二度言ったなと気が付かれるような失敗はしないというつもりです。ちょっとしたくふうとしては、同じ場所に、同じ姿勢で立って話さないということです。位置、向きを変え、話す調子を変えることもあります。ことば、それから文脈、文型の変化はもちろん精いっぱい心がけます。」（『大村はまの国語教室2』）

これだけの手を打って、明るい、行きすぎない緊張をコントロールしていたのだなあ、と驚く。

こういう配慮は、教室のあちこちにさりげなくばらまかれていた。掲示板に張りだした掲示物は、一日か二日でさっと剝がす。掲示板や通信で連絡したことがらを、念を押して口頭でも伝えたりしない。教材プリントを順に取って束ねていくというような作業のとき、人にむやみに聞いたり、おせっかいを焼いたりすることを禁じる。つまり、変な親切でお互い甘やかし合い、もたれあうということを、小さなことからやめさせていった。

「この、人の世話を焼かない、ひとりひとり、自分のことをしっかりやり、ほかの人も、その人のことをしっかりやっていると信じ合うということがなかなかできないのです。……そういうことが、気が散りやすくなるもとですし、また、自立精神がないというのか、きちっと、自分で自分のことを処理し切るということがむずかしくなっているのです。つまらないことのようですけれども、そういう基本的な態度ができないと、頼もしいものの言い方もできず、主体性を大事にする学習は、進めにくくなるのです。」(『大村はまの国語教室2』)

「頼もしいものの言い方」のできる一個の自立した人を育てようと、大村は、これほどさまざまな小さな配慮と「しつけ」をつみ重ね、自立の意味と味わいを伝えようとしていた。私たちが一人前の学ぶ人になっていく過程に、こういう無数の、それとは知られないような助けがあったのか。振り返るとしみじみとした気持ちになる。大村は男子生徒を呼ぶのに、必ず「○○さん」と言い、君づけにしなかった。あれも、おとな扱いであり、同年齢の女の子よりいくらか幼い男の子たちの背をしゃんとさせたことだった。

㊵ 頭を使う

中学には、クラブだけが楽しみ、などという子どもがおおぜいいるわけです。そういう子どもたちに、ほんのしばらくでもいいから、筋道を立てて頭を使う時間を作るのが私たちの仕事ではないでしょうか。ことばの力をつけるということはもちろんですけれども、けっきょく、そういうふうに頭を使って、生涯使いものになる頭を作っていく少年のひとときだと思っていいのではないでしょうか。そうした時間を作りたいと思います。

（『大村はま国語教室』第一巻）

大村は科学好きでもあった。女子大時代は数学が好きで、一番分厚い問題集を買ってきて、一冊丸ごと、全部の問題を解いた、それが実になんとも楽しかった、と言う。知恵の輪がするっと回転してはずれるように、複雑な手順を経て最後には美しく解けるのが、快感であった。自然科学の明確な正しさの世界に憧れていたのだろう。そういう憧れは生涯続いた。私が中学生だった頃は、時実利彦さんが脳科学者として活躍していた。大村はもちろん大いに注目し、尊敬した。

「時実利彦先生がおっしゃったことを思い出します。子どもに「考えさせる」ということをした人がいちばん教師としてすぐれている、……できるようになったか、ならないか、どっちでもよろしい。けれども、考えるということをさせた事実、「考えなさい」と言った人ではなくて、考えるということを本気でさせた人が、いちばん偉いとおっしゃったのです。それだけのために教師はあるぞと、先生はおっしゃったのです。」（『大村はまの国語教室3』）

「考えるということを本気でさせた人が、いちばん偉い。」こう聞いたとき、大村はどんなにか我が意を得たりと嬉しかったろう。体を動かして体を鍛える、それとまったく同じ理屈で、考えることをして考える力を鍛える、それがたぶん大村の九十八年十カ月の人生のうち九十年近くを貫いた重大事だったのだと思う。自分自身の頭の中の動きを意識して、考えるということの実体を見つめ続けた九十年だった。考えるということに、どんな方向や方法、スタイルがあるのか。

ほんとうに考えることと、考えたつもりになってしまうことの境目は？　どこをどうつつけば、頭はほんとうに動き出すのか、考えたつもりやふりでなく、確かに考えさせることができるのか。筋道をたてて頭を使うことを保証するには、どんな材料や枠組が有効なのか。

「考えさせることができないことばは全部むだ、風が吹いたようなもので、声が出ているだけで、教育的なことばではないわけです。……教師らしくない、教育効果のないむだごとで、そういうのはむだ話なんだ、むだと同じなのだと思いました。」（『大村はまの国語教室3』）という厳しさで、教室に臨んでいた。

大村は国語教師であり、なによりことばを大切にした人だったから、考えるという行為におけることばの担《にな》う役割の重さを非常に重視した。考えの歯車を回す、その具体的な歯の一つ一つが、大村に言わせれば「ことば」であるのだと思う。だから、ことばを育て、みがき、鍛えた。

だが、大村が「けっきょく、そういうふうに頭を使って、生涯使いものになる頭を作っていく少年のひとときだと思っていいのではないでしょうか」、こう言ったとき、これはもう国語という教科をはるかに飛び越え、教育とか、大人が子どもを育てる、とか、そういう非常に大きな営み全体を捉えたことばになっているのを感じる。こうして大づかみにしたとき、何か新鮮な空気が、教師にも生徒にも吹き込んでくるのではないだろうか。社会を非常に現実的に見ているし、また、だからといって勉強をつまらない卑小なものにしない、という点で、賢明なつかみ方なのではないだろうか。

変なことを思い出した。大村は、デパートは日本橋三越がごひいきだった。近くの大型書店を二つほど巡り、老舗の眼鏡屋でメガネの調整をし、そのあと、三越の特別食堂で食事、というのが、お気に入りのコースだった。特別食堂は、普通の大食堂よりはよほど高級な品を出し、ウェイトレスもとても丁寧な対応をする。カトラリーもちゃんと銀のものが出てくる。そういう特別食堂での食事は、その日、買い物のお供をした私への褒美でもあり、また、その日の楽しみのピークでもあった。

毎回、何を食べようかと大いに迷う。「あまり安いのは駄目よ、高いのはちゃんとそれだけのことはあるものですよ。かといってね、むやみに、うんと高い、その店で一番高いなんていうのも、どうも不必要に高級にしているようで、それはあまり私たちに合わないわねえ」、そんな話をしながら、大村は私の遠慮を退ける。

大村は若い頃、師と仰ぐ二人の大先生からずいぶん食事をご馳走になった。申し訳なく思っていると、「おいしい食事を囲んで、若い人と豊かな話をするということは、たいへんいいことです。年をとると、それなりになんとか余裕も出てきて、幸いこうしてご馳走してあげることもできる。それは自分の喜びである。お礼なんか言わなくていいから、あなたもいつか年をとって、そういう余裕があったら、うんと若い人にご馳走してあげるといい」と言われたという。それを、大村は「恩師の遺訓」と言っていた。

「同じテーブルを囲んで同じ食事を食べたら、いっときでも、体のどこかが同じになるっていうことじゃない？　食事で体ができるんですもの。一緒にお話をして、体の一部分がちょっとだけ同じになって、それはとてもいいことでしょう」、そう言って、さあ、今日はどのお料理を食べましょう、と、ショーウィンドーの前で料理を見比べた。だいたいは和食のコース料理になることが多かったのだが、それでもいろいろな種類があって、毎回非常に悩む。私が決めていいことになっていたが、師の好みや食欲のこともあるから、簡単に決められない。三つくらいには絞れても、ではこれ、と一つに決まらない。

そういうとき、せかさず、ゆったりとおおらかな雰囲気で横にいる大村が、小さな声で、私に聞かせるともなく、独り言かというような調子で言うのだ。「これとこれは、お刺身も天ぷらも似たようなものが出てくるけれども、土瓶蒸しか茶碗蒸しか、それが一番違うのかしら。それにこっちは栗ごはん。そっちはその分、煮物の吹き寄せがとても凝っているのね。このコースは、焼き物なんだわ。銀だらの粕漬けがうんと好きなら、これにするといいかもしれないわね……」

ああ、この人はいつまでたっても同じ大村先生だ！　中学生に考えるヒントを出していたのとまったく同じ姿だ！　そんなふうに話しながら、大村は、私のとりとめもない迷いを、さりげなく整理しているのだ。そう気づいたら、なんだか愉快になった。何を食べようかということよりも、その方が、妙に嬉しくなって、一緒にウィンドーにおでこをくっつけるようにして、迷う時間をゆっくり味わったものだ。

お昼の食事を選ぶのにも、こんなふうに大村は楽しみながら頭を使い、人の頭が動くのも手助けした。数学の問題集を解いていくのと、ひょっとすると楽しみという点では、大きな変わりはなかったのかもしれない。

㊶ この道からもあの道からも

要旨を取らせるという場合、この文章の要旨は何かと聞くのではなくて、要旨を取る必要のある、また要旨を取らなければできない作業を考えるということが大事なのではないかと思います。目標を生で生徒にぶっつけないということです。……生徒はその作業をいっしょうけんめいやっていけば自然に目標にかなってしまう、この道からもあの道からも登っていくことができた峰だというふうにやりたい。

（『国語教室の実際』）

どうりで、大村教室で勉強していた間に、「要旨はなんですか」と聞かれた覚えがなかったわけだ。覚えがなかったのではない。聞かれなかったのだ。

要旨を取るなどというのは、国語の中の国語という作業で、もう日本中、国語教室は要旨、要旨で忙しいことだろう。確かに、文章を読んだときでも、話を聞いたときでも、正しく内容を理解することは大事だ。でも、とにかく要旨はうんざりだ。二十字でまとめろというような作業には飽き飽きである。わかっていたとしても、やりたくない。幸い、大人になってからは、誰も要旨を言えと言わなくなったのはうれしいことだ。

大村教室のたくさんの方向性の中で、子どもたちのために声を大にして強調したいのが、この「目標を生で生徒にぶっつけない」ということだ。要旨をつかむことが大事であることくらい、子どもでも知っている。その力を育てるのに、どんな種類の文章を読む時も、どんなにわかりやすい文章を読む時にも、要旨、要旨と言わないでほしい。そのルーティンワークをいつでもさっと気持ちよく、嫌な顔ひとつ見せず、一生懸命になってくり返せるのは、一定の気質を持った子どもだけで、そんな都合のいい気質を持っているのは、ほんの一部の子どもだけだ。単調なルーティンワークにも精を出して励む子、スイッチの入りやすい子、そういう子どもだけが、勉強に向かい合い、そうでない子どもが勉強から離れていくというのは、ほんとうに残念なことだ。

大村が仕組んだのは、もっと自然な、一人前の大人の実生活に近い頭の使い方、鍛え方だった。張り合いのある、興味をもてる課題に取り組む中で、要旨がわからないと仕事にならないから、本気で読んで要旨をつかみ取り、先へ先へと進む。そのとき、「要旨を取る」というような意識などない。仕事の一部として、それは自然にとけ込んでいるのだ。要旨ということばすら自覚しない中で、実際には刻々と要旨をつかみながら、作業をする。それが大村教室のひとつの典型的な姿だった。

「こういう問題ができないといけないから、こういうことがいるからと言って、そればかりをつついていることが、果たしてほんとうにその力をつけることになるのかどうかと思います」(全集第二巻)と大村は言う。「そればかりつついていること」は、教育法としては一番普通で、平凡なことだ。疑問がないように見えるから、たちが悪いのかもしれない。それで要旨も教室を席巻することになる。果たしてほんとうにそれが効果的なのかどうか、立ち止まって考えることがなかなかできない。

教科書の文章を、一つ一つ要旨を取りながら読んでいく、という授業をしなかったために、大村は批判を受けることが多かった。それでこんなことを言っている。

「習っていないものを読んでわかるのが国語の力で、それでないと役に立たないわけです。習った文章の段落の意味を覚えておいて役立てるというようなことはまずない、その勉強で養った力そのものが、役立つのだということをわかってもらうのが大変でした。こういうことを機会あるごとに話していたんです。自衛しなければなりませんから(笑)。」(『かけがえなきこの教室に集う』)

自衛か……。いったいどんな攻撃を受けていたんだろう。よほどそういう批判がこたえていたとみえてこんなことも言っている。「(国語の教科書に)「琵琶湖の生物の危機」なんていう文章がありますが、何も琵琶湖の生物の危機を知ることが国語の授業の目当てではありません。この文章を読んでいろいろと活動しますと、その間に大切な言葉の力がつく

ということでしょう。」（全集第十巻）

もっと国語力というものを大きく、広々ととらえてほしい、と大村は願っていた。要旨を言う練習ばかり積まなくても、本気になって、身を乗り出すような姿勢で文章に当たる経験をしっかりと積んだ生徒は、必要があれば要旨くらい答えられるような力を、少しずつ、でも着実に身につけていくのだ。少なくとも、飽きたような顔をしている子どもたちに、くり返し要旨を取らせるよりは、効果がある。それを信じて、大村は教え続けた。

とはいっても、「そればかりつつく」方法の安心感にはなかなか勝てないのが人間で、大村教室の教育成果を心配する声が、大人たちのあいだでいつまでも残ったらしい。大村は、高校入試を控えた頃、誠意のこもった調子で私たちに言ったものだ。「大丈夫、心配することはありませんよ。あんなに一生懸命勉強して、試験ではかられる国語力よりも、うんと広い力をつけたのだから、その力で試験を受けていらっしゃい。大は小を兼ねるんです。大丈夫！」実はそんな演説はいらなかったのだ。私はそれを聞いて、「当たり前です」と思っていた。

㊷ 耳を貸さなくなりました

それから私は、そういう教えすぎみたいな非難とか、個性を認めないとか、そういったような言い方には、あまり耳を貸さなくなりました。そういうことがありましたら、だれより先に自分が気づく。みんなを型にはめてはいけないと、いちばん心配しているのは私ではないかと思いました。……型にはまるはずの型が、みごとに乗り越えられていくのを、楽しみにしたほうがいいんだということ。

（『大村はまの国語教室』）

大村は、「てびき」を豊かに与えて、子どもに教えるということを、基本にしていた。てびきというのは、「たとえばこんなふうに」という例だったり、行き詰まっている子どもの考えを開くようなきっかけや鍵だったりした。作文を書くときは、題材集めにヒントを出し、書き始めの一文を与えてやることもあった。途中で書きあぐねている子どもには、ちょちょっと一行書き足すというようなことをした。読むときには、読みを深めるきっかけになるような視点を、惜しみなく提供した。一つの文章を読むために、別の文章をもう一つ添えて、見方を広げることもあった。学習の発表会を開くときには、教室の生徒たちを頭におきながらシナリオを書き、型を与えた。話し合いの初歩を教えるときにも、シナリオを作ることがあった。生徒たちは、それを、へえ、なるほど、こんなふうにするのか、と読んだ後で、シナリオを参考にしながら、話し合ってみるのだ。

大村は、「戦後、教師は教えなくなった。教師はもっと教えなければ」と三十年以上前から言い出し、結局最後までそう言っていたが、そう言うときの大村の「教える」とは、そんなふうにあくまで具体的に、その場その場に適したてびきを、豊かに与えることだった。

けれども、そういう指導方法が「教えすぎだ」とか、「子どもの個性を無視している」「押しつけだ」という批判を招いたわけだ。たとえば、作文の冒頭を書き与えるなどというのは、子どもの創造を壊しているようなものだ、そんなふうにして書いた作文は、もうその子の作品ではない、というような批判だ。

近頃のことだが、私は、ある小さな勉強会で大村の仕事を紹介する話をした。そのとき、資料として用意した大村の実践例の一つが、大村が教室で話し合いの指導をしている実際のようすを文字化したものだった。話し合いのあちこちで、大村は、一人の優秀な転校生として、あるいは、注意深く見守っている教師として、機敏に流れに飛び込んでいって、ここでこういう発言をするといい、ここでこんなふうなことを言う人がいてほしい、ということばを具体的に、身をもって発している。中には、「○○と言ってごらん」「××さん、○○と言いなさい」と生徒に短い発言を口伝えで指示する場面もある。

その勉強会に来ていた参加者の一人が、これには大きな抵抗を感じる、と率直な意見を言ってくれた。子どもに発言の中身まで指示する、これは押しつけも押しつけ、とてもいやだ。自分は子どもを育ててきた間に、自分の子にも、いっさい親の考えを押しつけるということをしなかった。一人ひとりのその子らしさを、個性を、何より大切にと思ってきた。教師が教室で「〇〇と言いなさい」と命令する、これには、どうも納得できない。

こういう意見は、戦後の自由や自主、個性を大切にする良識的な考えの代表だろう。その意見を言った人が、堂々とした一個の人であったので、その意見にも迫力があった。

これは、大村が直面した最大の批判でもあった。てびきという名で、子どもをある型にはめ、個性を失わせている。その子らしい考えの自由な発露を促さずに、教師の枠の中で動かしているだけだ。教えすぎである。生徒の考えを教師がいじっちゃだめだ、そんなふうに言われた。戦後の民主的な、子ども中心主義的な人々の目には、好ましくない教育として映った。そういう思潮が、平成に入ると、指導より支援を、という教育政策にも結びついたのだろう。

大村自身も、ある時、この批判を受けて、恩師・芦田恵之助に相談したことがある。そのとき、芦田はこう言ったそうだ。

「生徒のことなんていうのは、ひとの言うことじゃなくて、あなたがその子の先生なんだから、ようく見てて型にはめちゃいけないぐらいは、だれだって考えていることだから、あなたがそれに気づかないはずはない。自分の目でようく見てなさい。」

芦田のそのことばを受けて、大村が書いたのが、冒頭のことばだ。

要は、形だけをとらえて論じても意味がない、目の前の子どもと教師との間で、どんなふうに型の伝授が行われているか、ということだろう。てびきを与える、口移しで○○と言ってごらん、という、そこだけを見て判断できることではない。そのやりかたが、不器用で柔軟性や多様性に欠けていたら、押しつけになる。十分にこなれていて、その子どもをよくよく知っていて無理がなく、幅広くものを見ていて、生徒との信頼関係も成り立っていたなら、生徒は押しつけとも思わずに、ああ、助かった、そうか、そうすればいいのか、そんなやりかたもあったのか、と、そのてびきを存外すっきりした顔で受け取る。

そして、本当に適切に手際よく示されたてびきというのは、自然で、無理がないので、その存在感がかえって薄れ、子どもは自力で進んでいるような気持ちで学ぶ。教えられた、手助けされたという意識をあまり持つことなく、まるですべて自分の力で歩んでいるかのような気持ちで、堂々と学んでいく、大村が目指していたのはこういう手のひき方だった。大村の代表的著作『教えるということ』の中で、多くの教員をはっとさせた「仏様の指」の話は、こういう境地を示したものだ。

もともと、型を習うことは子どもにとってそんなにいやなことではない。そこから飛び立つ自由は持っているのだから、型をいったん取り入れることくらい、どうということはない。なにしろ、子どもというのは、別に教室の中だけでなく、いつだってまわりを見回して、型を習いながら大きくなっていく専門家だ。得意技なのである。ただし、無理矢理はいやだし、自分に似合わないのもいやだ。だから、大村にとって、子どもを知るということは、無理のない、しかも適切なてびきを与えるための、最重要事項であったのだ。

たぶん、人の個性というものをどう考えるか、という点も、大きな論点なのだろう。個性って何か？　個性は簡単に壊れるようなものか、それとも、けっこうたくましいものか。盆栽を針金でたわめるように、個性は、教師が手を出すことで容易に変容するのか。個性は、純白の新雪の原のように、いじることをためらうべきものか、もっと雑駁《ざっぱく》にほかのものにも触れさせればいいものか。

芦田に「あなたが自分の目でようく見てなさい」と言われて以来、大村は、子どもと子どもの個性を、心配しいしい、ようく見続けて、こう結論づけた。「子どもの個性なんて、この大村はまさんが三年間いじったくらいで死ぬものじゃありませんよ！」だから、たっぷりと豊かに、思わず子どもが動き出すようなてびきを、堂々と与えた。型が乗り越えられていくのを楽しみにしながら。

㊸ 単元学習をのみこんだ

この講習会で私は初めて単元学習の話を聞いたのである。そして、どうやら自分のしていることが似ているように思えて――どうしてあんな勇気が出たのか、――とくに指名もされていないのに、ついと手を挙げて、立ったのである。そして自分のしていることを発表したのである。それでよい、それが単元学習であると認めていただいたとき、私は単元学習をのみこんだ。そして病みついた。

（「はまゆう」第1号）

大村はまのした仕事は「単元学習」と言われている。大村単元学習とはどんなものなのか。これを定義することは至難の業で、ある時点で大村は定義に興味を失い、「別に自分のしているこの仕事が単元学習であってもなくても、そんなことはどちらでもいい」などということさえあった。自分にとっては迷いのないことがらについて、客観的な定義を決めるために消費するエネルギーがもったいないと思ったのかもしれない。そういう感覚は、学者でも研究者でもなく、あくまで実践者だ。

それでも、第三者から見れば、大村単元学習って何？　という疑問は当然のように存在する。もう五十年も前から、優れた実践として名を知られるようになっていたのに、「すごい授業なんだそうだよ」という評判が広まっても、何がどうすごいのか、具体的にはなかなか伝わらなかった。それもそのはずで、あまりに多様なのである。全集を見ると、その実践は、頭がくらくらするくらいに、定義を拒むくらいに、多様なのである。

基本的には、単元学習というのは、目の前にいる子どもをしっかりと捉えたところから出発して、その単元で育てたい力をまず具体的に特定する。そのために、どういう教材を使って、どういう方法で生徒の頭を動かすか、どういう流れで授業を展開していくか、それをその都度その都度、可能な限りベストのものに決定していく、というルールがあるだけなのだ（と思う。私は国語教育学者ではないので、断言はできない。あくまで大村教室を経験した者として、そんなふうに見えた、と言えるだけである）。その基本ルールがごく単純なものである分、応用の幅はとんでもなく広く、多彩、多様である。具体的な単元学習の姿は、ぜひ全集などで知っていただくといいと思う。

大村単元学習は、戦後の混乱期、教科書もノートも、ちびた鉛筆すらも全員に行き渡らない、そんな苦しい状況の中での必死の打開策から生まれた。多様な教材を使うという一つの特徴も、そもそもは、全員が同じ教科書を持つことができないという、どうしようもない欠乏から始まったことだ。打ち込めるものさえあれば真剣な目になる、そのかわり、打ち込めなくなったとたんに、まるで犬の子かと思うくらい野生に戻ってしまう、そんな、目の前にいる生きた子どもたちを相手に、必死になって突破口を求めた、その結果が、後から名付ければ単元学習というものだったというにすぎない。余裕のないところで追いつめられ、塀際ぎりぎりのところでくるりと振り返って、逆に立ち向かうようにして生まれた学習が、子どもをがっちりと捉え、本気にさせた。本気になった子どもたちの中で、ことばの力がぐいっと育った。既成のものに支えられた、安全な、伝統的な学習方法にはない魅力を、この冒険的な試みはもっていたのだ。

でも、この「必死のオーダーメイド」による授業を試さざるを得ない機会が、大村の教師人生の二十年目におとずれたことも、運命的なことだ。それがもっと早く訪れていたら、ひょっとすると経験、知識、見識などが不十分で、すぐに頓挫《とんざ》したかもしれない。二十年、先輩に育てられながら、伝統的な授業をきちんと、しかも高いレベルで積み上げていたことが、きっと大きな財産になっていたのだろう。諏訪高等女学校時代に大村が使っていた国語の教科書が残っているが、本を支える左手の親指が当たる表紙の箇所に、長い間のうちに擦れて穴があいてしまっている。そのくらいに、ひたすらに教科書を読み込んでいく授業を、大村は二十年間、向学心にあふれた少女たちを相手に深めてきていたのだ。

昭和二十二年、新制中学の発足と同時に、占領軍は、戦後教育の目指すべき方向を確実に明らかにしようと、現場の教師のためにさまざまな講習会を開いた。そういう機会のひとつで、大村は、アメリカで生まれた単元学習という新しい考え方を教えに来たＣＩＥ

（民間情報教育局）のオズボーン氏の話を聞いた。聞くうちに、あ、それは、自分が今、毎日奮闘しながら行っている教室の取り組みと、同じ向きなのではないか、と感じたのだという。話が終わって「何か質問は？」という時間になったとき、大村は、少しどきどきしながらもためらうことなく、何かに引っ張られるようにして手をあげて、「わたしは今、こういう授業をしているのですが……」と、実践の紹介をした。通訳を介して最後まで大村の話を聞いたオズボーン氏は、一言、「あなたのやっている、それが、単元学習なのです」と言ったそうだ。冒頭のことばは、このときのことを言っている。「そうか、これが単元学習なのか」と、大村はのみこんで、そして、病みついた。病みついて、そのまま、六十年後、死の数時間前まで、単元学習のとりこだった。

㊹ 自分のためだったのです

自分のためだったのです。新しい単元を調えて出発するときの気持ち、それはほんとうに中学生を指導するのにふさわしい気持ちなのです。新鮮で、そして少し不安で、したがって、つつましい気持ち、謙虚な気持ち。

なかなかそういう気持ちになれませんのに、新しいものであると、工夫しなくても自然にそういう気持ちになれるのです。そのすがすがしい気持ちがうれしくて、この気持ちを一度覚えると、その気持ちになりたくてどうしても新しく、と思ってしまいます。

（『「日本一先生」は語る　―大村はま自伝』）

大村単元学習は、一度一度仕切り直しながら組み立てて行く仕事だ。もちろん、ばらばらに、思いつきで並べていくわけではなく、全体を見通した教育計画にそってである。その流れの中で、大村の作る一つひとつの単元は、いつも新しかった。初めての顔をした取り組みだった。何年もかけて少しずつ材料集めをこころがけ、関連の本も読みためて、ほんとうに長い助走距離をとった単元もめずらしくない。こういう力を、こういう材料を使って、こんな方法で考えさせることによって、育てよう、そういうラフプランが、大村の頭の中にはいくつもしまわれていて、ふだんの暮らしの中で、目配りをし続けた。卵を孵卵器に入れて、孵化の時期をゆったりと待つようにして、暮らす。生徒の会話に注意深く耳を傾け、本や新聞を読み、テレビを見、通勤途中の電車の中で聞く人々の会話まで聞きとめて、材料をあつめ、孵卵器のたくさんの仕切りの中に蓄えていく。

その卵の一つが、ある時、いよいよひよこになって、教室に出る日を迎える。心をこめて選んだきれいな箱のなかに、そうっとそのひよこを入れて、大村がいかにも大事そうに生徒の前に持ってくる。その箱からどんな顔をしたひよこが出てくるか、生徒も、いくらかあらたまった気持ちで、期待し、注意深く見守っている。さてどんな単元がくるのかな、それは私たちを思わず本気にさせるようなものかな、むずかしすぎないといい、たいへんすぎないといい、でも、ちょっとはむずかしい、かっこいいのがいい。どれどれ、見せてください。

もちろん大村も、あらたまった気分を漂わせている。いそいそとうれしそうでもあり、また、緊張したふうでもある。作業の面白さを約束しているようでもあり、でも一〇〇％は約束できない、という心配も正直に見せている。それは当たり前と言えば当たり前で、いつでも単元学習は「初めて」のことなのだから。このあたりの気持ちを、大村は「つつましい気持ち、謙虚な気持ち、すがすがしい気持ち」と言っているが、その通りだっただろう。教職五十二年の最後まで、このつつましさは続いたのだと思う。

大村の仕事のすごさをとらえるのに、同じ単元を二度しなかった、という点を挙げる人が多い。そして、そのことを、すばらしい、信じられないと言い、また、立派だと言う。それは確かにその通りかもしれないのだけれども、大村にとっては、「この気持ちを一度覚えると、その気持ちになりたくて」というのが正直なところだった。立派だなんていわれると、とまどったのではないだろうか。やりたくてやったことだ。本人にとってはひどくシンプルなことである。三年前にうまくいったあの単元をそのままやってみよう、生徒にとっては初めてなのだし、魅力的な単元であることも変わりないのだから、あれをそっくりもう一度やってみよう、と考えてもちっともおかしくないのに、そこで得られる安心感、節約できる時間と労力、そのプラスが、大村にとっては新鮮さの魅力を上回ることが、結局一度もなかったのだと思う。

それどころか、ふつうならばプラスの方にカウントするはずの、安心、とか、手慣れている、というような要素が、新鮮さとつつましさを失わせるマイナスとして受け取られている。「いそいそとして教室にはいるのは新しいものを持ってくるときだけなんです。それを一度味わうとそれのないもので教室にいくことがいやなんです」と言っているとおり、大村にとって、単元学習を開拓していくことは、我慢でも忍耐でも苦役でもなく、喜びだった。もちろん苦労はたくさんあるに決まっているけれども、喜びのほうが圧倒的であった。

その喜びが、生徒に伝わる。「新しい方法を開拓して、こうという案を立てて、材料を集めて、さあと教室に出てくる時の気持ちはなんとも言われません。その意気込みに生徒は第一にまいるだろうと思います」（全集第一巻）と言っているが、本当にそうだった。世界で今、ここにしかない取り組みを、これから私たちがするのだ、その取り組みの到達点は、教科書のうしろのほうにすでに印刷済みになっているようなものではなく、まっさらのものとしてこの教室で先生と私たちが探求していくことなのだ、という事実、そしてそれをリードしていこうという大村の意気込みに、私たちはまいった。

㊺ たじろぐことがあるわけです

……単元学習をやっていくのには、（教師の側に）いわゆる素朴な学力といいますか、そういうものが、たいへんに必要なのだということを、もっと痛感しないと、これはやれないものなのではないかと思います。（中略）

単元学習というのは、このようにして背景としての先生の実力というものがほんとうに必要だからこそ、それが心配になるので、展開したい単元でもたじろぐことがあるわけです。

（『大村はま国語教室』第一巻）

単元学習的な取り組み方というのは、このごろの国語教科書にもあらわれている。それはかつての教科書とはずいぶん違うことではある。ただ、大村にとっては、単元学習というのは、それこそハサミで新聞を切り抜くところから、自分でスタートを切っている一連の仕事であって、「単元的」に構成された教科書を、あら、便利なものができたのね、と喜ぶということはなかった。求めて自ら動いて得るものと、外から与えられるものとの、根本的な差があまりに大きいと考えていたようだ。

大村にとって特別に愛着のある単元というのが、いくつかあるが、その一つが、隅田川花火を報じる四紙の新聞記事を使った「花火の表現くらべ」である。興味をひかれて、昭和五十四年のその新聞記事の実物を全部探しだして、目の前に並べてみた。それは、もうたしかに魅力的な教材だった。五十二年の教師生活でたった一度、表現を比べみがく単元を、新聞記事だけを材料にして作ったというだけのことはある。授業の記録を見ても、単元学習の良さがくっきりと表われ、生徒の熱気が伝わってくる。

意地悪な質問を大村にしてみた。「もしも、このすてきな教材が、そっくりそのまま国語教科書に載っていて、てびきも、活動の方法も同じように提案している、そういうことがあったとしたら、先生はそれをそのまま教室で実践しましたか？　もしも、の話ですよ」。大村は、ふむ、という顔でしばらく返事をしなかった。それでやっと「……きっと、しない」と言った。「だってねえ……。そうなったら、私の子どものためだけに目当てを据えて作られた単元ではないのだから」。やっぱり、と思った。どんなにいい教材、単元でも、もらいもののセットにオリジナルの命を吹き込むことは、むずかしいことなのだろう。そのくらい、教師が自分自身の手で作り上げた単元学習と、教科書の既製品の単元とは、違うということらしい。実際には、大村は、教科書を軽視しているという批判に対する自分の答えとして、多彩な資料の一部として、教科書を縦横に扱って使いこなしていたが、その自在なようすを見ると、やはり学習を組み立てる力量と見識、センスがあってこそなのだということがわかる。

教師の現実問題としては、教科書を使わないということなどあり得ない。教員は学校という組織の一員であり、この国の教育行政のもとに働いているのだから、大村もそのことはわかっていた。だから、後輩教師に向かって、「教科書を使うべきでない」とは決して言っていない。教えるものとして決まっている教科書を、自分の生徒にとってもっとも生きるように、材料として自在に使いこなす。そのとき、もう自分にとってはわかりきった、安心しきった教材として、持ち合わせの力で使うのではなく、今日の自分が加えられる、新鮮な発見や感動をもって使うべきだ、と言っている。その新しい発見や感動をどう教科書に求めるか、何を加えたり、何を並べたり、何を引き出したりできるか、そういう目で教科書と対するのは、ゼロから単元を作るのと同等に、時にはそれ以上に、実力というものが基盤になるのだろう。

なぜ、教師にとって非常に魅力的な自作の単元学習が、もっと力強く広まらないのか。広まったとしても、教科書が提案する単元学習という、逆方向からの広まりであったのはなぜか。それは、やはり単元学習のむずかしさがネックになっているにちがいない。大村の言うように、教師の側に「素朴な学力」が、豊かに、十分に必要なのだ。ばりばりと広範な読書をすすめ、鋭い目でそこから教材を掬《すく》い上げ、すぐれたてびきを必要に応じていくらでも書き、ことばの指導にはぬかりなく目を光らせ、文法なども自家薬籠中《じかやくろうちゅう》のものとしていつでも繰り出すことができ、魅力ある話で教室をリードする、そういう教師でないと、ほんとうには単元学習を実らせることができない。

その根底が崩れてしまうと、単元学習は（また近頃の総合学習も）、いとも簡単に、楽しそうだけれど何をやっているんだかわからない教室、面白かったけれども力の育っていかない授業、になってしまう。そして、子どもにもそれはわかってしまう。十分な力と見識と覚悟のない段階で、あっちでもこっちでも教師がばらばらと単元学習を展開しはじめたら、親も、社会も、不安である。あぶなくてしょうがない。だから大村は、単元学習をいいと言い、やってみようと思うなら、どうか本気で丸ごと真似てほしいと、心から願っていたものだ。

大村はもともとの優れた素質もあっただろうけれども、厳しく自分を鍛えて、そういう実力を身につけていった。そんな実力の持ち主であっても、時に、おもしろそうなテーマを前にたじろぎ、自分の側に十分に対応できるだけの知識と力がないからと、泣く泣くあきらめたことがあるというのだ。子どもの興味にまかせ、不用意に単元をスタートさせることは、固く自分に禁じていた。生徒たちが、こんなことについてやってみたい、と新しい分野を持ち出してきても、今から自分が勉強しても間に合わないようなテーマであれば、大村は、少し残念そうに、また少し悔しそうに、しかしきっぱりと、それを却下した。「私に習っているのが運のつき」などと、ふざけたふりをして言ったりした。

自作単元学習が、非常に大きな魅力をもったものである一方で、非常に危険なものでもあること。特に、子どもの興味・関心に不用意についていくことになると、学習としての体を成さない状況になり得るのだということ。これは、大村の仕事を尊敬し、できれば継承したいと思っている教師にとって、重大な難問だ。自分を鍛え鍛え、だいじょうぶだろうか、ちゃんとやれているだろうか、と慎重に振り返りながら、また時にはたじろぎながら、それでも、あきらめることはしないで自分の生徒のためだけの単元をなんとか作っていこうとする。そういう挑戦的で賢くて誠実な後輩を、大村は熱望していた。そもそもがむずかしい仕事であるのは承知のこと。実はそのむずかしさにこそ、魅力は発しているのだから。大村はこう言っている。

「（単元学習は）すべて未知数のことですから、かならず冒険になると思いますが、ぜんぜん誤りのない安穏《あんのん》な世界よりも、多少の失敗を含む方が、人を育てるのではないか。ことに、ことばを育てるのではないかと思います。本気で語りたいことがたくさん語られて、そういう時にことばの成長というものがあるのでしょう。」（『日本の教師に伝えたいこと』）

教師という職業人

㊻ かならずはっきりと見ていることです

今、あるグループの発表が終わったとします。このとき、ことばでほめるより何より、終わってあいさつをしているとき、発表者をはっきり見ていることです。子どもたちは、はっきりこちらを向きはしないことのほうが多いですが、瞬間、指導者を見るものです。クラスの人たちの拍手の中で、ちらっと。そのちらっと見た目に映る教師の顔であることを意識して、できるだけ誠意に溢れた目で見ていたいと思います。……ねぎらいの気持ちをこめて、必ずはっきりと見ていることです。

（『教室をいきいきと1』）

学校では、子どもがなにかと発表をする機会が多いが、そういうときに、教師が子どもの発表それ自体に本気の関心を向けていないことが多い、と、大村はひどく憤慨することがあった。

教師はそんなとき、聞く姿の見本になったようなつもりで、本気になって、全身に聞く気を漂わせて発表を聞く、そうやって、聞き手の子どもたちの「聞く」ことをもリードする。その聞く姿が、もちろん、発表している生徒にとっては、手応えになり、励ましになり、またちょうどいい緊張のもとにもなるのだ。生き生きとした表情を見せて聞いてくれる聞き手がいると、話す方としては、甲斐もあり、また伝える気持ちも自然に高まって、ことばもぐいぐいと出てくるというものだ。だれも本気で聞きたいと思っていないような場で、一生懸命に話すなどという元気は、出ないほうが当たり前のような気がする。まるで壁を相手にしているような空気の中では、どんな話し手もしょんぼりしてしまうだろう。とにかく、教師が一番いい聞き手でなくて、どうするのだろう。

それで、発表が終わったという時のことだ。子どもたちは、一人前のような顔をしていても、そこは子どもで、やはり気になって、ちらりと教師を見る。視線をそちらへ送る。中学生くらいになると、とくに男の子の中には、先生、先生とべたべたするのを避け、怒っているのではないかと大村を心配させるほどそっけない生徒もいたものだが、そういう硬派の生徒でも、チラ見の誘惑には勝てない。その「目に映る教師の顔であることを意識して、できるだけ誠意に溢れた目で見ていたい」という。

教師という仕事は、パフォーマンス的な要素も大きい。伝えたいことが、きちんと伝わるように、過不足なく、また誤解なく、見落とされることなく、伝わるようにしなければならない。演技と言ってしまうと、うわべだけのもの、内心とはちがうもの、という印象になってしまうかもしれないが、もちろんそうではない。心があることは当然の前提で、それが、子どもの目からちゃんと見えるように、それとしっかり伝わるように、表現されなければならない、という意味だ。しっかり関心をもって聞いていたが、外見は素知らぬふう、聞いていたか、いないか、わからないような様子、それでは教師としてはだめ、というのが、大村の考えだった。日本人は、気持ちを表現する意欲が低い、相手の目にどう映り、耳にどう響くか、という発想が弱い、そういうことをもっと熱心に考えないと、というふうに言っていた。その一例が、この、「ちらっと見た目に映る教師の顔であることを意識して……」という、いかにも職業人らしい勘所の押さえ方だろう。

大村は、長い教師生活のあいだにこういうパフォーマンス力も鍛えて、いざというときには、しっかりと心を形に表せる人だった。

数年前、さくらんぼ学会と呼ばれる日本国語教育学会山形県支部の研究大会で、私は初めて話をすることになった。大村の講演のいわば前座として、生徒の目から見た大村はまと大村教室、というような話をする。強心臓の私もさすがに時間が近づくと緊張してきて、口数が減った。なにがいやかと言えば、なにしろ当の大村が最前列に座っているわけであるし、また、大村教室の「生きた成果」と見られてしまうわけだから、プレッシャーがとんでもなく大きい。口が渇いてきた。

さあ、いよいよ出番、というそのときだ、隣に座っていた大村が「うんと楽しみに聞いていますよ」と小さく声をかけてくれて、突然、机の蔭で両手の人差し指をぴんと立て、右に左にひょいひょいと二、三回振った。よくわからなくて「え？」と目顔で尋ねたら、「フレー、フレー、でしょ」と笑った。旗をふってくれたのだ。

そのフレー、フレー、フレーが妙に楽しくて、私は思わず浮かんだ笑顔のまま、元気よく壇上に上がり、無事、「デビュー」を果たした。話し終えて、拍手の中で頭を下げながら、私は横目で大村を見たが、柔らかな表情でちゃんと私の方を見ながら、胸の前でぱちぱちと手をたたいていた。隣の席にもどると、「5に丸つけてあげる」（5°、つまり5に、もひとつおまけ、ということだ）と、いかにも中学教師らしいことを言った。

㊼ 傷跡なく直したい

片々たるところを責めない。……本人が気がついていない、まずいことは、どうしても言わなければなりません。しかし本人が気がついているよくないことをまた言うというのは、これは人として避けたいことと思います。本人がちょっとでも気づいている時には、もうその傷口にはさわらない。さわって痛い目に遭わせてそれが辛くてあやまちを繰り返さなくなるなどと言われることがあります。そういうこともありましょうが、私は傷跡なく直したいと思っていました。

(『教室をいきいきと1』)

片々たるところを責めない、ということを言われると、ぎくっとする。日々、母として、妻として口にする小言はほとんどすべてが片々《へんぺん》たることであるから。なんでだろう、底意地が悪いというのだろうか、目に付いた片々たるところを、偉そうに、わざわざ指摘して、相手に嫌な思いを強いるということがある。それで別になにかが直るわけでもない、あやまちが減るとも思えないのに、傷口にさわる。

大村が大切にした逸話に、「芦田恵之助先生のカン、カンのお話」というのがある。芦田先生が東京高等師範学校の附属小で教えていた頃のことだ。作文の時間であった。お母さんたち何人かが参観に来ていた。芦田は「私は沢庵石だ」と称してどしっと教室に存在し、子どもたちが熱心に書く姿を見守っていた。そのうちに、子どもたちの鉛筆がすり減ってくる。窓辺に木箱と小刀が置いてあり、そこで鉛筆を削ることになっていた。一人、また一人と子どもが黙ってそこに行き、鉛筆を削った。そして帰り際、たまたまその箱のそばに空の花瓶が置いてあったのを、手に持った鉛筆でカンカンとたたいた。なぜだか、どの子もどの子も、カンカン、とたたいた。なんとなく小さな流行が発生したわけだ。

その授業が終わって、参観に来ていたいかにも賢明そうなお母さんたちが、芦田を囲んだ。

「先生、なぜあのカンカンのいたずらを注意なさらないのですか？」

芦田は「カンカンで、誰かの書く手がとまりましたか？　なら、いいじゃありませんか。私が注意などしたら、いっぺんで止まってしまいます。」と答えて笑ったという。

この小さな話を大村は大切に胸に納めて、どうしても言わなければならない注意かどうか。言ったことでなにかが直るような小言かどうか。ほんとうに今、言わなければならないことか。そういうブレーキをいつもかるく踏みながら子どもに接していた。

教師としては、もちろん生徒に言わなければならない注意もあるが、それは、ほんとうに今、この場で言うべきことかどうか、意外に決まったものでもない。ひょっとしたら自分のムシの居所が悪くて、やけに勘弁できないことに、重大なことに、思えるだけなのではないか。言って気が済むというだけのことで、実は害の方が多いということがないか。

おとなは、特に教師は、子どもがなにか失敗をしたり、間違いをしたりすると、それをただすことの正当性を盾にして、何の疑いもなくそれをとがめることをする。それをしつけである、教育であると信じて。けれども、叱ることで壊れてしまう教室の空気、また時に叱られてできる傷の深さを、甘く見てはならないと大村は考えていた。「獅子の子なら千尋の谷に落とされても上がってくるでしょうが、獅子の子でなければ、そんな千尋の谷なんかに落とせば死んでしまうことの方が多いでしょう。「艱難《かんなん》汝を玉にす」という昔からのことばもありますけれども、「艱難汝を玉にす」よりも、堪え切れない艱難はその子を壊してしまうことの方が、子どもの場合、多いと思います。少なくとも、そういういたわりと、いとおしみをもって、拙《つたな》い子どもが拙い力をいっぱいにふるっているのを、見なければならないと思います。」(『教室に魅力を』『新編 教えるということ』)と言う。

それで、大村は朝起きてみて、いつもより気が晴れない、自分らしくない、と自覚したときには、指にきつめに絆創膏を巻いて、自分へのいましめとした。絆創膏を巻いた日には、子どもに小言を言わないことに決めていたのだ。そういう時に言うと、言わなくていいようなことまで言ってしまうかもしれない。必要以上に責めるようなことを言いかねない。自分を押さえるための絆創膏だった。

そのことを大村は公言していなかったが、中学生の頃の私はなんとはなしに気づいていた。中指だったか、人差し指だったか、あまり傷などしそうもないような指の中程に、時々、白い絆創膏が巻かれる。よく働く手であったから、白い絆創膏がじきに少しくすんだように汚れてきて、大村に似合わなかった。そういう日に限って、どこか表情が冴えなくて、口数が少なかった。いつもよりなんとなく陰気くさい大村であった。それで、私は、大村先生の指の絆創膏というのを、漠然ときらいなもの、いやなものとして覚えていた。そうか、あの絆創膏のおかげで、腹立ち紛れに叱られるということがなかったのか、と後になって知った。

とにかく、そういうふうにしてなんとか叱らずにその日を過ごし、後日、心身爽快な日に、言うべきことはさらりと、明るく、しかもしっかりと言う。ところが、これは後で注意しようと思ったことも、大半は、時間が経てば、言わなくてもいいことになっていたというから面白い。

㊽ 聞いても仕方がありません

（子どもは）ちょっとしたことで面白くなったりしますが、本当には満足していないことがいくらでもあります。また先生に面白かったか、つまらなかったかと聞かれても、だいたい中学生くらいでは、先生にこの単元はたいへんつまらないと思いました、といってくる元気な子どもはあまりいません。

私の子どもの中には、そういう勇敢な、率直にそういうことを突いてくる子どもがありました。でもなかなかそういう子に育てられません。普通は、子どもは、自分が単元によって充実したかどうか、ほんとうには、自分ではわからないのです。

ですから、聞いても仕方がありません。……成功・不成功は、指導者自身が本気で鋭くみるほかありません。（『授業を創る』）

生徒・学生による授業評価が広がっていると聞く。小中学校ではまだそれほどではないのかもしれないが、それでも、研究会の実践発表の締めくくりに、「子どもにこの単元の感想を聞くと、たいへん面白かった、もっと続けたかった、という声が聞かれました」などと、子どもの感想を評価として受け取る、という姿勢を教師が自らとるのを、よく見かける。

大村は、生徒にそういうことを一切聞かない人だった。そういうことを生徒に聞く気がない、ということが、子どもにも無言のうちに伝わっていたように思う。さまざまなことがらについて、非常にオープンに声を聞き取ろうという部分と、そんな声を聞こうとは思っていない、というようにぴしゃりと扉を閉じている部分とが、大村の中ではっきり区別されていたような印象があり、その扉の開閉は、大村の表情や雰囲気にははっきりとサインとして示されていた。そして、とにかく、授業評価については「閉」であった。

「生徒に直接、単元の感想、もっといえば評価ですが、そういうことを聞くというようなことはありませんでしたよね」と、大村に聞いてみたことがある。

「そんなことはね、聞く必要がない。なにより、子どもが言える以上のことを、教室の中で一刻一刻、私自身が本気でつかもうとしていたし、ちゃんとつかめていたと思います。子どもにとって今度の学習がどういうものであったか、子どもに聞かなければわからない、なんて、そんなわけはありませんよ。」

授業評価ということまでが、職業人としての教師の仕事のうちにはいっている、と、大村は考えていた。なにしろ子どもを相手にしているから、直截《ちょくさい》な質問によって、重要な評価を引き出すということは、まず無理と考えたのだ。もちろん、仕事の評価、つまり今後に役立つようなとらえ返しをすることは大切に決まっているけれども、それは、自分の責任において、本気になってさまざまな微細な事々に目をとめて、そこから引き出すしかない。そこまでが仕事だ、と考えていた。「ほんとうに今後の仕事に役立つような評価というのは、高い視点に立たなければできないことですよ。子どもには、それはできません。それをする力もないし、責任もありません。面白かったかどうか、くらいは言えるでしょうが、そんなのは聞くまでもないことです」と言っていた。

「それにね、この単元で、こうこういう力がつきました、こんなことができるようになりました、なんていう調子で成長していく、というふうにはいかないものです。もちろん、少しずついろいろな力を育てようとしていますし、実際少しずつは育っていくわけですが、それは本人が簡単には言えないようなこと。教師も、ニコニコと簡単に、これで○○の力がついた、なんて、あまり言わないほうがいいんですよ。浅さが表われるような気がしない？　実際、そんなふうにはいかない。」

その次に大村の言ったことが、私は好きだった。

「それにね、恥ずかしいでしょう。」

「は？　何が恥ずかしいんですか？」

「その、なんかほめてくれそうな、いいことを言ってくれそうな、そういうことがわかっていて、感想を聞くのは、とても恥ずかしいでしょう？」

教師と生徒というのは、関係がある程度しっかりできていれば、あいだに優しい、あたたかいものが流れるものだ。教室には、教師を肯定的に捉えている子ども、教師からも好かれたいと思っている子どもが、きっと何人かいる。時にはほとんど全員がそうかもしれない。そういう子どもは、授業の感想などを聞いたら、知ってか知らずか、教師が嬉しくなるような甘いことばを言う。気の利いた子どもが、期待通りのことを言ってくれるのである。その上、授業がいきいきと、着々と進んでいたなら、肯定的な感想が聞かれそうなことは、大いに想像がつく。そういう状況で、無邪気な顔をして、想像もつかないような顔をして「感想を聞かせてください」と聞くのは、もうどうしようもなく恥ずかしい……。大村は、もごもごと、ほんとうにたまらないという調子でそう言った。

ちゃんと説明できないのだが、こういうことを恥ずかしがるというところが、大村を、あの高い理想と強靭な知性をもった強い人を、不思議なくらい懐かしい人にしているのだ。

㊾ 教師の資格

「研究」をしない教師は「先生」ではないと思います。まあ、今ではいくらか寛大になって、毎日でなくてもいいかもしれないとも思ったりしますが……。子どもというのは「身の程知らずの伸びたい人」のことだと思うからです。……一歩でも前進したくてたまらないのです。そして、力をつけたくて、希望に燃えている、その塊が子どもなのです。……研究をしていて、勉強の苦しみと喜びをひしひしと、日に日に感じていること、そして、伸びたい希望が胸にあふれていることです。私は、これこそ教師の資格だと思います。

(『教えるということ』)

生徒の目から見て、大村教室のいったい何がそんなに特別であったたか、ということを振り返ったとき、この教師の研究的な姿勢というのが一番に挙げられるような気がする。大村が、すでに出来上がった、固まった、出す一方、与える一方の人ではなく、もっと、もっと、と大変な思いをしながら勉強し、研究する人だった、その精神的若さが、確かなものとして感じられる教室だった。考え考え、工夫しいしい、これでいいのかな、どうかな、今度はこんな工夫をしてみたけれど、どう？　どうかこれでうまくいきますように、そんなようすの教師であったこと。そんな人がほんとうに未熟で頼りなかったら心配だが、実際には堂々たる実力の持ち主であったこと。この組み合わせが、生徒にとっては、ほんとうの意味での信頼のもとになっていたと感じる。

生徒にとって、大村単元学習は、正直なところ、たいへんだった。いつも一汗も二汗もかいて、楽に一丁上がりということはほとんど考えられないことだった。そのために、ほんとうに真面目に真正面から引き受ける生徒にとっては重すぎて、苦しいという気持ちが大きかったかもしれない。大村自身は、学習に軽みを持たせることを意識していたのだが、やはりその取り組みの壮大さや程度の高さに、プレッシャーを感じる生徒は出た。それであっても、なぜ、みんなが揃いも揃って、拙いながらも、はあはあと苦労しながらも、ついていったのか。こんなのやってられないよ、と投げ出す子どもが続出しても、ちっともおかしくなかったのに。

前に、大村を取り上げたテレビ番組を作ったＮＨＫの若いプロデューサーが、「教室を撮った古い映像を見ると、不思議な気がする。なんでみんな、ああ素直に一生懸命になっているのかなあ。特別素直ないい子ばかりが集まっていたのかなあ。それが奇妙な感じがする。僕があそこにいたら、あんなふうにはのっかっていかないと思うんだけれども」と、本音のことばをもらした。そう思うのももっともだ。

映像に映っていないのは、大村が、教室のすみずみまで工夫と配慮をして、もっと高く、もっといきいきと、と研究し続ける、その前のめりの姿勢なのだ。現役選手だけがもっている若々しい勢いと、現役同士という共感なのだ。それが、テレビの画面にはなかなか映らない。でも、生徒からは見えていた。新しい単元の一式を抱くように持っていそいそと教室に出る、こんないい材料があったと誰よりも喜ぶ、なぜもっと本気を出さないのかと歯がみする、慎重にいかにも大事そうに作業手順を伝える、きりりとした顔で発表を聞く、便利な文房具が発売されたと小躍りする、そういう小さな日常に、大村が研究と勉強の現役であることはくっきりと表われていたのだ。私たちは、現役の先輩の言うことは、聞く気になった。

冒頭の文章で省略した部分はこんなふうになっている。

「勉強するその苦しみと喜びのただ中に生きているのが子どもたちなのです。研究している教師はその子どもたちと同じ世界にいます。研究をせず、子どもと同じ世界にいない教師は、まず「先生」としては失格だと思います。子どもと同じ世界にいたければ、精神修養なんかでは、とてもだめで、自分が研究しつづけていなければなりません。研究の苦しみと喜びを身をもって知り、味わっている人は、いくつになっても青年であり、子どもの友であると思います。」

考えれば、白寿記念講演で大村が挙げた五つの忘れ得ぬことばの一つが、母の言った「裾《すそ》を持ちなさい」だった。一つのことをしっかり押さえておけば、そんなに無理をしなくても、考え込まなくても、自然に事が叶う、そういう方向が大村にとっては、生涯で五本の指にはいる大事なものだった。

教師は研究を、というのも、それをほんとうに実行していれば、「精神修養」などで無理にがんばらなくても、自然に、教師が子どもと世界を共有できるからだ。土台の部分はどれほどか苦労だろうけれども、結果がいつかは自然に手にはいるだろうと、安心していられる。大村の合理主義である。

㊿ 教える者らしくない

何でも、させたいことを「何々しなさい」と命令することになると、先生という職業がひどく軽調子になってくるような気がします、自分の誇りを失うような。……教師ともあろう者が、そういう何の工夫もない、なまの言い方をするのは、教師、教える者らしくないと思うのです。

(『教えながら教えられながら』)

こういうことを言うとき、大村の念頭にあったものの代表が「もっとよく読みなさい」だったようだ。「どうやって読めばいいんですか。「もっとよく読む」なんて読み方はありません」と、怒ったように言っていた。「もっとよく読んでごらん」と言われても、ではどうやったらいいのか、どうすれば「もっとよく読んだ」ことになるのか、ということが具体的には子どもにはわからない。それで、しかたなく、ただ従順に、単純に同じことをくり返すだけだろう、ということが、ちょっと考えれば想像できるのに、そういう想像力を働かせることをしないで、ただ、「もっとよく読んでごらん」と言う。ひどくごもっともなことを命令形で言って、その効果を疑わない、そういう姿勢を、大村は嫌った。専門職、職業人としての誠実さも、誇りも感じられない！ と。

「「なさい」ということばは、私自身は禁句にしています。「なさい」と言わないで、そうさせたいことをさせてしまうのが先生なのです。姿勢がわるいから「姿勢をよくしなさい」、そんなことを言うだけなら、だれでも言えて、先生が月給をもらってまで言うことではないでしょう。いい話をしたりすると、子どもはつい真剣になって姿勢がよくなるものです。……それが面白い話もしないで、緊張した気分も作らないで、「姿勢をよくしなさい」などと「なさい」と言ってもなるわけではない。それで出来るのでしたら、素人でもみんな言えますから。お母さんだろうと、どこのおばさんだろうと、お兄ちゃんだろうと、そんなことはみんな言えます。」（「国語国文」第七号『大村はま講演集　下』）

「私は「もっといきいきと話しなさい」ということばのむなしさを、心から知っている人間です。そういうろこつな、ごもっともな、しかし実際には救ってやることのできないことばを口にせず、いつか、しぜんに、「いきいきと話せるように」子どもを変え、子どもを育てることが、教える、指導する人、教師の教師たるところ、つとめであると思うのです。」（全集第二巻）

「ろこつな、ごもっともな、しかし実際には救ってやることのできないことば」を口にしないこと。させたいことをただ命令形にして言うのを、教師が自分に禁じること。その代わりに、的確な、魅力的な、具体的なことばをかけて、子どもを確実に刺激し、揺らす。子どもは、何をすればいいのかを自信をもってつかみながら、一生懸命に取り組む。気づくとちゃんと目的通りのことをしていて、目標にしていた力が一段階、育っている、そんな手の引き方を、大村は考えようとした。それでこそ、「月給をもらってまで」する教師の仕事ではないか。そういう働きかけのことを「教える」というのではないのか。

命令さえすれば事が実現する、などという魔法のような夢物語のようなことは露ほども信じず、子どもの頭と心の中をのぞきこむようにして、とうとう五十二年間、愚直にその向きを守った。

㉛ 職業人としての技術

子どもがかわいいのであれば、子どもをとにかく少しでもよくしていける、教師という職業人としての技術、専門職としての実力をもつことだ、子どもをほんとうにかわいがる、幸せにする方法は、そのほかにはないと思います。それ以外のことはみんな二次的なことだと思います。遊んでやるのもよいし、頭をなでてやるのもよいし、やさしいことばをかけるのも結構、しかしそれらはみな二次的なことです。……いちばん大事なことをちゃんとやっていながらでないと、教師自身の自己がこわれてしまうと思います。（『教えるということ』）

大村は職業人として自分に厳しい人である。形だけでなく、実質も、ほんとうに子どものことばを育てなければ、自分に納得ができなかった。「子どもをかわいいと言うのでしたら、子どもが一人で生きるときに泣くことのないようにしてやりたい」（『教えるということ》と言い、そのために必要なことは思いつく限り全部やった。やったほうがいいとわかっていて、やらなかったことは、きっとほとんどなかったに違いない。そのくらいの本気だった。自分はそんなつもりで仕事をしているのに、その仕事仲間である教師達が、「子どもが好きなので、教師になった」「一緒に遊んでいるときが一番楽しい」「子どもをかわいがるやさしい先生になりたい」というような呑気なことを言うのが、もうほんとうに信じられない！　という感じであった。いろいろな時に、いろいろな言い方で、専門職としてのプロ意識と確実な技術ということを言っている。

「聖職ということばの好きなかたたちが、聖職の名にかくれて、精神主義にのみ引かれて、ほんとうに一個の職業人だということについて、あまり厳粛に考えず、世の中に甘えていく態度に賛成できません。……熱心結構、いい人当たり前、けれども、一人前の教師なればこそできる、ということが何もないとしたら、私は社会人として、肩を並べていくのに非常に弱体なのではないかという気がします。心細いと思います。」（『教えるということ』）

「国語の教師としての私の立場で言えば、（中略）平常の、聞いたり、話したり、読んだり、書いたりするのに事欠かせない、何の抵抗もなしに、それらの力を活用して行けるように指導できていたら、それが私が子どもに捧げた最大の愛情だと思います。そのほかのことは、後になってみれば、うれしかった思い出にすぎません。」（『教えるということ』）

「可愛い可愛いではだめ。メダカ育てたって可愛いんだから。」（「アサヒグラフ」）

「教師が教室で、ただ歩いていればいいと、そんな楽な職業であるはずがないので、楽だったら、これはなにか落としているなと思っていいわけです。」(『大村はまの国語教室2』)

「およそ教師でなくとも、いい人などというのは、つまり、人間だというのと同じ意味で、人間だれしも悪い人であってよいわけがありません。……「いい人」などということは、誇りでもなんでもなくて、そんなこと言うだけおかしいと思います。」(『教えるということ』)

「(教師は)少なくとも文章を書くのはおっくうで、というようなことは、それこそ絶対言うべきでないと思います。そんなことを平気で言う甘えた気持ちが、私はかなわない気がするのです。……そういうことを言うのは甘え気分なので、謙遜でもなんでもないという気がします。それをもって立っていることを、「それ、できません」と言ってはいけない。いいえ、言えた義理ではないと思います。……自分の本職のことについて、甘えがあってはならないと思います。」(『大村はまの国語教室2』)

こうしたことばのはしばしに、大村の本気と、本気ゆえの憤慨が見えるのが、私は大好きで、「メダカ育てたって可愛いんだから」なんていうのは、私の個人的大村語録では相当上位にくる。自分でユーモアが苦手と言っていた大まじめな大村が、こういうふうにむきになった時に見せるたくまざるユーモアを、大村教室の私たちはにやっと受け止めて、大村への親近感を強めたものだった。

大村の言う「一個の職業人としての技術」というのは、よく見ればそれほど特殊なことを言っているのではない。たとえば、生徒の発言を求めるような時に、席の順に無機的に「次は、次は」と指名して、生気のない運び方をするのでなく、教室を生きた生活の場面していくような、子どもが動き出すようなことばをかけられること。一人一人の発表を浮き立たせることばを、発せられること。こういう小さな、堅実な技の総体が、教師としての教える技術ということで、一つ一つはそんなに特殊なむずかしいことを言っているわけではない。

それなのに、なぜ、そういう力を確実に育てるしくみができてこないのか。なぜ、自分の仕事をいいと言ってくれるような仲間まで、もっともっと必死に勉強しないのか、さすが教えることの専門家というしっかりとした技術を持った仲間が、なぜなかなかふえないのか。じりじりと焦れていた。自分が突出した力（さまざまな国語力に加えて、努力する力、持続する力、意志力も突出していた）に恵まれていて、他の誰も彼もに同じ力を求めるわけにはいかないのだ、ということが、なかなか納得できなかったのだろうし、また早々にそう納得するには、大きな抵抗があったのだろうと思う。

大村が五十九歳の年に、ずっと一緒に暮らしていた母が亡くなった。その母がすっかり立派な教師になったはまのことを、最後まで心配していた。「あなたは、先輩方には、よくお仕えし、よく言いつけも聞いて、きっとかわいがられるでしょう。子どもたちには、もちろんやさしく接し、一生懸命に育てて、慕われるでしょう。でも、同じ立場のお仲間とは大丈夫？　うまくやっていけているのか、心配よ。あなたは昔からそうだった」と気にかけていたのだという。先輩の前では素直なよい後輩であることができる。子どもの前では寛容なよい教師であることができる。しかし同輩とは、どうだったのか……。さすがに母ならではの目であった、と晩年の大村はおだやかに述懐していた。そのころ、もう焦れていた時期は静かに終わり、孤独感を増していた。

㊷ ついそのとおりできるような

私は今でも母の「裾を持ちなさい」ということばのようにものを言いたいのです。私はそれを忘れ得ぬことばの中に数えて、何とかして響きの温かな、ついそのとおりできるような、そういうもの言いで話したい。小言を言うことなく、何か教えるときにはどうにかしてと、今でもそう思っています。

（『忘れえぬことば』）

大村が九十八歳五カ月のときに開かれた白寿記念講演会は「忘れえぬことば」と題した

ものだった。教師として生きてきた人生の中で、忘れようもないというくらい大切にしてきた、発せられた時のことばのひびきまで覚えているような、指針となったことばを五つ、取り上げたのだった。その最後に置かれたのが、「裾を持ちなさい」である。

大村が小学校低学年くらいの頃、朝起きて、寝間着にしていた浴衣をたたむのは、いつも一仕事だった。まだ体は小さく、手も器用に働かないのに、浴衣は思いのほか大きい。肩のところをもって、ばさっばさっと振るのだけれど、なかなかすっきりとたためなくて、悪戦苦闘である。ある日、そのようすを見たお母さんが、「裾を持ちなさい」と声をかけた。肩に加えて、もう一方の手で裾も持ち、ぴんと張る。すると、あんなにわけのわからない格好をしていた浴衣が、自然に、すっと長四角の形に収まるのだ。

教師になってから、大村はこの母のことばの大切さが実感されたという。まず普通は「きちんとたたみなさいよ」と言いそうなものである。それは、ちょっと叱っているような小言であり、注意であって、言われた方は、緊張もするし、うれしくないし、その上、どうしたらいいのかはわからない。「裾を持ちなさい」は、温かでさりげないことばだが、それは実行できることであるし、実行すれば絶対成功できる方法だ。「そのとおりにすればできる、そのとおりにすれば成功する、そういったことばをすらっと、軽く言えるようにしたいなと思いながら、それからずっと長い間教師をしました」と語った。温かでさりげない、軽いことば。これは、老境にはいってからの大村にとって、かつて以上に大切になったことかもしれない。弱者となったときに、しみじみと、ことばの温かさをうれしく思うような折があったということだろうか。教師にしても、医者・看護師・老人介護者にしても、自分のことばが、必要なことを正しく言ってはいるけれども、温かみがなく、気重にさせるような響きになっていないか。考えさせられる。

大村はまという人は、面白いなあとつくづく思う。ここまで記憶の中に住んでいる大村に向き合いながら書いてきて、振り返ってみれば、大村はリアリストであり、合理主義者であった。理想と心情をのせたことばの表現力がたっぷりとしているので、ロマンチストという印象が強いかもしれないが、たぶん、それよりは、リアリスト、合理主義者の側面のほうがずっと大きい。

浴衣ひとつたたむのにも、ここを押さえればうまくいく（この場合、ここを持てばうまくたためる）勘所というのがある。そこを子どもに示しさえすれば、必ず実行でき、実行すればきっと成功する、そういう声を軽やかにかけたい、と大村は言う。気張ったスローガンや精神論をまったく信用していない。成功までの道筋で、がんばれ、しっかり、きちんと、などという実のないかけ声が役に立たないことを冷静に見抜いて、へんな無理や無駄な苦労をさせず、すっと確実に仕事を進められる具体的な方法を、示そうとしていた。おかしいことに、へんな無理や無駄な苦労は排したけれども、本筋の、必要な苦労は、どんなにそれが大きかろうと平然と引き受け、また生徒にも差し出した。ことばの力という大切なものを身につけるのに、これしきの苦労がなんだと言うんです、というような顔をしていた。ほんとうに面白い人だ。

優劣のかなたに

㊸ 安心

話しことばがまずいなと思う子どもが、安心した顔をしていないと困るんです、話し合いのときに。あせって、何か言わなくちゃ、言わなくちゃという気持ちでドキドキしている、何か言わなくちゃ、言わなくちゃと思う気持ちなどというのは全然話しことばを育てないのです。

心配しいしい、……ぼくだけだ、発言しないのは、などと思っていたりすると、そんな余計なことを考えていますから、よけい発言できません。……そんなつまらないことを考えて悲観していますからだめです。……その子が、よく聞きほれて、安心して、あっそうかなあと思って安心して聞いている、そうすると、口があいてくるんです。……安心して、安らかに、話し合いの雰囲気に入っているのです。

(『大村はま国語教室の実際　上』)

子どもの安心というものを最初に大村にはっきりと示したのは、芦田恵之助先生だという。昭和十（一九三五）年に出された著書『国語教育易行道』の中で、授業研究会で注意して見るべきことがらが十カ条あげられているが、その第十の着眼が「一切の行動に安心の姿をよく見て下さい」であったということを、大村との対談で野地潤家・元鳴門教育大学学長が語っている。それを受けて、大村も、そういう安心の姿というのは後ろ向きでいてもわかると芦田先生は言った、と回顧している。

「よくこうやって後ろの首のつけ根のところをたたいて、「ここのところでわかる」とおっしゃったものです。私たちは「先生、そんなこと、ありますか」と笑いましたけれども、「わかる、わからないでか」とよくおっしゃいました。」（『大村はまの国語教室2』）

まずい、何か言わなくちゃ……。話し合いなどの折にそういう焦りを味わったことのない人は多分いないだろう。ドキドキしながら下をむいて自分を責めたり、時間が通り過ぎるのを祈ったり、なんとかこの場を切り抜けられる適当なことばを探したりする。ひょっとしたら、その場しのぎの発言くらいは出るかもしれない。でも、それにどんな価値があるというのだろう。

よく聞きほれて、そうかなあと安心して聞いている、安らかに話し合いの雰囲気に入っている、そうすると、口があいてくると大村は言う。「あいてくる」という自発の表現が、よく子どもの姿を捉えているではないか。ふっと、自然に、力まずに、ことばが出てくる感じである。

大村は、とにかく一生懸命の、本気の人である。特に、話し合える人を育てるという目標は、第二次大戦後の教師生活の重要な柱ともなる悲願だった。こんなふうに「一生懸命」「本気」「悲願」そんな条件がずらりと並んだら、なんだか悲壮な気配が漂う。大村教室の話し合いとはどんなにか密度の高い、つきつめた、重い雰囲気だろうと思われるかもしれない。

ところが実際には、こうして「安心」と言うわけだ。話しことばがするすると出てこないタイプの子どもに対する、この、ゆったりとした構えが、子どもたちにとってはきっと大きな救いだったろう。成長をなによりも、だれよりも大事にしながらも、それを気長に見守る覚悟をしていた。

大村教室が、どんなに目標を高く掲げても、つきつめた、苦しい雰囲気にならず、どこかゆったりとしていた理由に、子どもの「安心」を見守ろうとするこういう視線があったような気がする。結局のところ、人にとって、特に子どもにとっては、「安心」は「幸せ」と同義なのではないだろうか。「安心」の中で育つことの大切さを、辛いニュースの多い今、思わざるを得ない。しかも、大村は、「安心して聞いている」ことが、結局は、ことばを発する自然な契機を生むことを見越していて、実にちゃんと教室の目的にかなっていることにもなる。

まったく違う場面であるが、一万ページ読破をめざす読書マラソンに全員で取り組んでいたときのこと、期日までに一万ページに達することができず、賞をもらうことができなかった子どもの一人が次のような感想を言ったという。「結局一万ページには届かなかったけれど、参加したために本をたくさん読めて、よかった」。大村はこの生徒の姿をたいへん喜んだ。「いい読書人だったということを喜んで穏やかにしている。この気持ちが育たないと、平和な子どもにはならない。」(「国語国文」第七号『大村はま講演集　下』)

この「平和」もまた、安心にならぶ大切なことばだったろう。

芦田先生の第十番の指針「一切の行動に安心の姿をよく見て下さい」について、大村は「すばらしいですね。優劣のかなたで安心して学んでいる」(『大村はまの国語教室2』)と言っている。話し合いへの参加という場面に限定した問題でなく、安心ということばも、また「平和な子ども」という見方も、大村にとっての大切な視線、「優劣のかなた」に直結しているのだ。

㊴ せっかち

私たちは、とてもせっかちになりやすいと思います。自分が今、今日、このことをしますと、それが明日いいものになって出てこないと、自分のしたことがむだったと思ったりするのは、人生の誤解ではないかと思います。……今日努力して明日結果がでるというようなこと、どうしてもそうでなくては気がすまないという人は、やっぱり教師になってはだめなのではないか。教師の仕事はもっともっと長いもので、私たちの生涯の間にその結果を見ることができないものもあるのではないか。むしろ、そのほうが多いのではないか。

(『教えながら教えられながら』)

心血を注ぐようにして取り組んだ仕事の結果というものは、やはり見たい。大村にも、もちろんそういう欲がなかったはずはなく、あれだけ自分の仕事を大事にした人だったのだから、仕事の成果もまた、大事であったに違いない。

晩年の大村は膝が悪くなって行動の制約が大きくなったが、旅に出たいという気持ちは抑えられないほど、大きかった。そして、いつでも、一番行きたいところは鳴門だった。鳴門も渦潮や大橋などはもう忘れたようなふうで、たった一カ所、鳴門教育大学の図書館の一角にある、さして広くもない「大村はま文庫」の、諏訪時代からの約五十年にわたる生徒の学習記録が並んだ小さな書庫に行きたいのだった。蛍光灯の明るく光る、ちょっと殺風景な書庫のテーブルに、あの一冊、この一冊と、馴染み深い名前の、懐かしい筆跡の、学習記録を広げ、拾い読みをする。表紙の稚拙《ちせつ》な絵を静かに撫でる。書棚の背表紙だけを、ずうっと見ていることもあった。

学習記録には、学習の内容だけでなく、口をとがらせて一生懸命になっていた子どもたちのそのひとときが、そのまま映し出されている。それをみれば、学習が、子どもをとらえていたこと、ことばをその時その時の精一杯の力で使おうとしていたこと、大満足などということはめったになかったけれども、それでも、けっこう自分の仕事をうれしがりながら、子どもが記録をまとめていることが伝わってくる。余白の落書きが、つかの間の休息を物語っていることもあれば、書き殴ったようなメモが熱い集中を思わせることもある。そっけない、拙い記録も多いが、そんな中に、こんなことばを捉えていたか、と思うような発見があったりもする。大村は、この部屋にいれば、何時間でも何日でも決して飽きないだろう、と真顔で言っていた。あの部屋にあるものこそが、大村の仕事のひとつの証しなのだと思う。

そういう事実がある一方で、この冒頭のことばは、どう受け取ればいいのか。

力というのは、今日これをやったから、これができるようになりました、というふうにつくものではない。とくに国語力は、Aを習ったからAができるようになる、というような種類の力でないことが多い。読解力にしても、書く力にしても、もちろん聞く・話すにしても、斜度の小さな螺旋《らせん》を描くようにして、徐々についていくだけなのではないだろうか。目標をもっと細かく絞り込んで教えていても、その小さな目標が達成されたかどうかということを、誰の目にも見える形にすることは非常にむずかしいのだと思う。大村教室の学習記録にも、長い目で慎重に見れば、成長の跡は見つけられるだろうが、それほど如実なものではない。見えるのは、その時その時の充実した姿である。

本来がそういうものであるのに、一生懸命であればあるほど、なんとか成果を目に見える形にしたいと思いすぎてしまう。そのため、本来ならば長いスパンで見るべき力であるのに、強引に短期的な促成栽培をしなければならないような気になり、学力観を矮小化してしまう。学力を測る試験にうまく対処する方法を教えることが優先されたり、試験で問われる部分ばかりをくり返しつつつくようになる。あるいは、実りを見ることができないことに落胆しすぎて、学習の意味を疑いたくなったり、時には投げ出したくなったりする、そういうことがありえるのではないか。

教育の世界にも説明責任ということばが入ってきて、アウトプットを目に見える形にしなければ、世の中が納得しないというふうになってきているようだが、それが、教える目線に狂いを生まなければいいがと思う。成果が見たいから、成果の見やすいことをする、すぐには成果の表われない学習の価値を確信できなくなる。それで大事な何かがずれてしまうというようなことがあってはならないのではないか。

大村の冒頭のことばも、半分は仲間の教師に、しかし半分は自分に言い聞かせているのだろう。がまん、がまん、じっくり腰を据えよう。力が開花する本来のスピードや時期を無理にどうこうすることはできない、今すべき仕事をじっくりするしかない。それでなければ単元学習はやっていけない。

「よい結果を見ようと焦ることは禁物です。努力しても努力してもその効果、かい、それを見ることは何の場合であってもめったにないのですが、子どもの教育の場合は、なかでもめったにないことなのです。」(『大村はまの国語教室2』)

「わずか三年間担当して、教えたことの成果を見ようなどということは、とてもできないことだと思っています。三十年ぐらいもたって、初めて功罪を問うてもらおうと思っているのです」(『教えながら教えられながら』)とも言う。

あれだけ、自立した学習者たちがいきいきと勉強する大村教室であっても、たとえば、みんながみんな試験を受ければ高得点という形で結果が表われることはない。

㊺ 評価の考え方

評価の考え方の曖昧さ、そして仕事の始末の曖昧さ、それがしだいに積もってきて、国語の力が低下してきたなんて話が起こってくるんじゃないかと思うんです。そう簡単に学力は低下してくるものではない、という気がします。呑気な、無意味な、つまらない、数字に流された考え方で、力を見ていますから、それで勉強そのものが見えない、実ってこないのではないでしょうか。

(『教師　大村はま96歳の仕事』)

評価は、生徒にとっても教師にとっても、次のステップの指針を得るためのもの、という考え方を、大村はくり返しくり返し、本当にくどいくらいに伝えようとしていた。

定期試験の行われるたび、答案の返却時には詳細な解説プリントを配りながら、合計点を比べて喜んだり悲しんだりすることが、はかないものでしかないことを、心を込めて語った。点数を気にするなら、たとえば配点五点のこの記述問題で三点であったのは、どんな視点が欠けていたからか、失点をしたのはどういう傾向の問題であったか、というような見方をすべきである。自信がなくて賭けのような気持ちで書いた解答は、たとえ運が良くて○をもらっても、自分では×だと捉えて、あいまいであった部分をしっかり確認すべきだ。選択肢から答えを選ぶ形式の問題については、アが正解であるとしたら、イを選んだ人はこういう理由で見誤ったのだ、ウと書いた人はここを見落としている、エと書いたなら、漠然としたこのむずかしそうなことばに目がくらんだのではないか。一つ一つの設問について、こういった解説と分析がなされていた。

試験問題に使われる文章は、授業で扱ったテキストではなく、初めて出会うものが使われていた。授業で習ったことを覚えて、試験を受けるということは、漢字や文法といった側面に限られていた。「習っていないものを読んでわかるのが国語の力で、それでないと役に立たないわけです。習った文章の段落の意味を覚えておいて役立てるというようなことはまずない、その勉強で養った力そのものが、役立つのだ」（『かけがえなきこの教室に集う』）ということを、生徒にも親にも、何度でも話した。もちろん、試験問題は手作りだった。

こういうふうに見たときの試験、成績、評価というものは、たとえて言うなら、血液検査の結果、赤血球がやや不足であるし、コレステロールの値も上昇傾向にあるから、食事の見直しと生活習慣の改善も考えましょう、チェックのため、三カ月後にもう一度検査しましょう、といったような、非常に合理的な、手堅く役に立つ一連のステップであるはずだ。大村はそんなふうに思っていた。そういう考え方に迷いはなかった。

ところが、それが現実社会にはなかなか通用しない。試験をしたって、合計点ばかりが問題になる。前回の試験が八十三点で、今回が六十七点であると、ひどくがっかりする。三十四点の子は、答案用紙を丸めて捨てたくなる。平均点よりちょっと上だと、ほっとする。めざす高校に入るには偏差値どのくらいが必要なんだろう、という方面にばかり目がいく。大村はどんなにか残念だったろう。そんな見方をして何の役に立つのだ？

おそらく、大村にとって、力というのは、複雑多岐にわたる複合体であるけれども、それぞれの力は働きかければ少しずつでも育つもの、今ある状態より豊かにしていくことができるもの、そして、非常に個人的なものとして映っていたのではないだろうか。個人的というのは、つまり、あくまでその本人にとってのみ切実な、重要な問題である、という意味だ。だから、現実を捉え、問題点を知るための評価は、欠かせないほど大切だけれども、まったく他人は関係のないことがらであって、人間ドックを一人で受診するのと似たような考え方だったのだと思う。他人が関わる部分があると言ったら、参考のための標準値という資料的な部分だ。

そういう姿勢は、社会一般に言うところの評価、つまり、集団の中でのポジションを明らかにするという行き方とは、ほんとうに異なるものだった。一般的には、成績を知るということは、優か劣か、できる子か、できない子か、がんばっているかどうか、どのくらいの高校や大学に入れそうな子か、そういうことを漠然と知ることと同じ意味合いにしか受け取られていないことが多いのだ。

人生の要所要所で、試験によって、合格・不合格ということが起きるのは、これはもうしかたのないことだ、と、醒めた現実感覚をあわせ持っていた大村は思っていたようだ。けれども、と、大村は思う。けれども、基本的には、普段の生活の中では、力を育てていくことこそが大事で、そのための評価であるべきなのだ。その評価が的確な、正確なものであるならば、そこから良い指針が得られて、ふさわしい、張り合いのある学習を計画できる。そうした中で一心に学ぶ時間を積んでいけば、いつしか力もついていくことだろう。試験のたびに合計点から偏差値を出し、順位を出し、いったいそこから何がくみ取れるのか！　と、大村は怒っていた。冒頭の文章の、短い修飾語を連ねたことばには、長年のいらだちがこもっている。

そういう気持ちが反映してのことかどうか、とうとう本人に訊く機会がなかったが、大村は定期試験の答案に○やチェックを付けるのに、なぜだか、妙な色の色鉛筆を、しかも、何色も、使っていた。問題一は緑で○が付いていると思うと、二は紫とか、草色とか、水色とか……。あれは、赤ペンと合計点重視の世界から抜け出すための、常識壊しだったのだろうか。だとしたら、効果が少しはあったかもしれない。返ってくる答案用紙は、シックな色合いで、ありきたりの答案用紙にはまるで見えなかった。

㊻ だんだん鍛えていかなければならないのです

ほんとうは、人生において自分が劣っているとか、だれが優れているとか、そういうことを離れて暮らすことはできないでしょう。ただ、自分が劣っているから絶望する、われを見失ってしまう、そういうことでなくて、自分の劣っていること、思うようにならないことに堪えることを学び、その自分を生かしていこうとする、そしてだんだん一人前になっていくのだと思います。子どもですので、まだそれだけの覚悟がつかめない。そういうことを、だんだん鍛えていかなければならないのです。

(『教室に魅力を』)

大村にとって、この優劣の問題は、自分自身の思春期を思い返してみても、大きな問題だった。物事を率直に見、高い理想を求めたこの感受性の強い少女にとって、劣等感というのは同居することのむずかしい感情で、どれほどそれで苦しんだかわからない。そもそも物心ついた頃からすぐとなりにいた姉——優しく、素直で、賢くて、美人の姉——が、憧れであると同時に、真似のできないお手本だった。学校に行くようになってからも、目線が高い分、周囲の人から、「あなただって、十分にすばらしい力の持ち主じゃないの」

と言われても、そんなことでほんとうに満足できるということはなかった。優と劣とを比べる目のやっかいさを、大村はさまざまな形で実感していた。

そして教師となった大村の目の前にいた子どもたちも、本気で自我を見つめる時期にあり、彼らの抱きがちな屈託が、どれほど根強くやっかいなものであるか、それがよくよくわかっていたのだと思う。

勉強していくという過程では、何がすぐれたことなのか、どういう力が望ましい力なのか、どっちへ向いて伸びていくことが期待されているのか、そういうベクトルがいつも傍にある。いいものの良さが本当にわかったときに、初めて、自分も少しそれに近づいたことになる、ということを大村はよく言っていた。

かつて捜真女学校で学んだ少女の頃に、字が下手であることを苦にして、ある日、とうとう溝上遊亀先生に相談に行った時、「そんなに気にしないでも、字を書く時に、すこし上手に書こうと思って書くようにしたらいいでしょう」ということばをもらった。そのときはそのさりげなさに、ものたりないような気さえしたけれども、のちに、ひとつの真実をついたことばであることを実感したという。「少しよくなりたい」というささやかな心がけが、いつの間にか人を成長させる。それは確かにそうだ。ところが、その「少しよくなりたい」の「よく」と思う気持ちのすぐとなりに、優劣の視線が待っている。

人と人とを比べるというタイプの相対的な物差しは、競争という世界にしか結びつかないから、大村は、細かく心を配って教室にそれを持ち込もうとはしなかった。けれども、絶対的な物差し——すぐれているとはどういう方向をいうのか、いいものとは何か、どんな力をめざそうとしているのか、そういう尺度は、なしでは済まない。そして、絶対的な物差しは、かんたんに相対的な物差しとしても働いてしまう。

子どもが優劣の物差しのそばに立ったとき、いい気持ちになる者はほんの一握りで、たいていは凡庸な自分であることにいらだったり、寂しさをあじわったりする。大村のことばを借りれば、度を失ったりもする。いい気持ちになっている一握りの子どもも、余裕をもって教室にすわっている分、全力で、本気で、張りあいのある課題にとり組む機会を得ることがむずかしくなる。余裕が、いつか退屈へと変わっていったりする。そしてある日、自分が人と比べていい気になっていたことの情けなさや浅さを知ることになる。

人は行きあぐねたときに、どうやらこの方面には才能も適性もなさそうだからと見切りをつけて、自分の人生にはもうそんなものは関係がないと言ってしまうことはできる。そうやってリタイアしても問題のない方面は人生のなかで少なくない。

けれども、大村が育てたかった「ことばの力」「考える力」は事情がちがう。生きていくうえで、そういう力を「私には関係ない」といって切り捨てるわけにはどうしてもいかない。集団の中での自分の位置で喜んだり悲しんだりしないで、勉強からおりず、自分の力を育てつづけ、磨きつづけること。ただ目の前の仕事の手応えと張り合いに惹かれるようにして、ひたすらに、一生懸命に、学ぶこと。ある日気づくと、自分にいつの間にかこんな力が育っていたのか、とうれしく思う、そんな日もあるだろうけれども、それは、ずっと先のことかもしれない、それでも焦れずに、こつこつと学ぶ暮らしを送る。大村は子どもをそういう姿にしたいと、心を砕いて、教室を営んでいた。「優劣のかなたに」ということばが大村の願いの核となった。

㊼ まきぞえを必ずつくるようにしました

お手上げになったような子どもに着目して回っていくために、……その子はある劣等感から、先生がいつも自分のところに来るというように考えたらしいのです。たびうるさいというよりも、自分ができないということを、そのたびに言われているように思ったのでしょう。

……それからは気をつけて、まきぞえを必ずつくるようにしました。……だれとだれとに注意をするかということを非常に気をつけるようにしました。

(『国語教室の実際』)

これは、大村がかつてある研究会で話した教室のひとこまだ。

ある男の子が、国語の授業から抜け出して、一時間、外にいたということがあった。「国語をやるのがいやだった。先生がうるさい。世話をやかれるのがいやだ。ぼくはなんにもしたくない」と、担任に言ったという。大村は、そういう子どもが置き去りにされないように世話をすることを自分の仕事のように思っていたので、悲しかった。それがそんなにいやなことだったのか、と寂しく思った。

それからは、うんとその子に気をつけて過ごしたが、自分が不注意であったのだということに大村は気づいた。(ここからが、冒頭に挙げたことばである)まんべんなく注意を与えていなかった。劣等感を持ちそうなその子のところに始終いって、たいへんよく世話をやく。それが彼にはいやだったのだ。

それからは、まきぞえを必ずつくるようにした。そばの子には注意しても、その子には何も言わないこともあった。その子にもあの子にも注意する、いろんな子にいろんなときに注意する、注意をばらまくように気をつけて過ごした。

次の学年にはいっても、大村はその子のことは全神経を集めながら気にしていたが、顔つきはなおってきて、勘弁してくれたのか、と思いながらもなお気をつけていた。にこにこあいさつをしたり、大村に冗談のひとつも言うようになった。大村もときどきおっかなびっくり冗談を言ったりして、まあ、大事にして過ごした。

　彼は近頃たいへん勉強家である。いつも決まった席に座って、なにかやっている。ちょうど古典の入門の単元が終わり、学習記録をまとめる時期が来た。新しく教材用に購入した本の一冊の表紙カバーが、単元でも取り上げた芭蕉の姿を描いた絵だった。大村は、これを切り抜いてノートに貼るとなかなかいいな、と思っていた。だれにあげようか、できないだれかにあげるつもりだったが、その子にしようと思った。

「「これ、学習記録の扉の飾りにしたらどう？　中身が貧弱なときは飾りぐらいはしなくちゃね」と言いました。そしたら、「うん、うん」なんて言っていました。ああ、ようやくきげんがなおった。もうなんにも思っていないんだ。去年、国語がいやだといって、プールのそばで一時間を過ごしたことも、きっと忘れたにちがいないと思いました。それから学習記録をまとめて出しました。貧弱な内容ですが扉だけは芭蕉の肖像画をはってやや厚くして出してくれました。「内容が貧弱なら飾らなきゃね」と言ったことを彼はなんとも思わなくなっているのです。そのことを確かめ私はうれしかったのです。

　そんなわけで、劣は劣なりに一応仲直りもできたらしいし、こわいほう（引用者注・つまり批判力のついた優れた子のほう）は、まだまだ一週間に二つくらいはやられてしまって、手をついておじぎをしなければならないようなことが起こっています。……私は子どもをほんとにおとなと思って、自分の友だちと話すのと同じ気持ちで、心から話すというようにしております。個別指導というのは、結局人間の触れ合いだと思うのです。」(『国語教室の実際』)

「「中身が貧弱なときは飾りぐらいはしなくちゃね」と言いました。そしたら、「うん、うん」なんて言っていました。」――これが、私が一番よく知っているあのはま先生なのだ。ほかの誰でもない、大村はまである。はたで聞くとどうかと思うようなことを、こんなふうにすらりと言う。無神経に、なんの配慮もなく言っているのではない。さんざん心を尽くし、打てる手も打ち、一生懸命に大事にする。注意ひとつするにも、まきぞえをつくるやら、まんべんなくするやら、せいぜい気を配っている。その人が、ものを言うときには、こんなふうにうそをつかず、ごまかしをせず、体裁を考えたら口にしないようなことを、さっぱりと口にするのだ。前にお互い痛い目にあっているのだから、「中身が貧弱」なんていうことは、見ないふり、というか、触れないことにすれば、無事だろうに、そこに思い切って踏み込む大村である。それでも、冷や冷やものだったらしく「ああ、ようやくきげんがなおった。もうなんにも思っていないんだ。」などとうれしがっている。

ここには対等なふたりの人がいる。勉強ができない子の学習記録を「中身が貧弱」なんて言えるのは、そこに、ばかにする気持ちが微塵もないからなのだ。少しでもそういう気持ちが混じっていたならば、こんなことは後ろめたくて、言えたものではない。公明正大に事実を見た、正々堂々の会話なのである。

㊽私の願っていることは

拙《つたな》く生まれたなあと思って、いっしょに泣いてやりたいような子どももいます。私の願っていることは、教室の中で、先生がついていて、その子が自分の拙さをかみしめて泣いているような、そういうことがないようにしたいと思うのです。（中略）力の弱い子がそういうことを忘れ、安心して自分の力いっぱいのことをいきいきとやっているということで、教師は許されなければならないと思います。

（『教えながら教えられながら』）

大村はさまざまな形でその仕事が評価されたが、大村自身がもっとも喜んだのは、研究授業の参観者から「このクラスには劣等生はいないんですか、できない子はいないんですか」と言われたことだという。どんな褒めことばを聞くよりも、うれしいことだった。できない子が、参観者には見つからない。「その子なりに、自信をもって、張り合いよく学習に打ち込んでいるので、できない子ができない子の雰囲気を漂わせていないのである。本人ができない子と思っていないのである。こんなことが何回もあった」とも言っている。

子どもたちをどうしたら、そういう、一心な、ひたすらな、安心な姿にさせられるか。大村の教室での取り組みのもっとも土台にあたる部分に、このテーマがある。単元学習と呼ばれる新鮮で多彩な活動を、あんなに夢中になって作りつづけたのも、結局は、毎日の授業で、子どものそういう顔を見たかったから、と言っていいのかもしれない。

大村はその生を終える一週間前に、NHK日本語センターのシンポジウムのため、インタビューを受けた。そのとき、「結局、教師の持っている幅でしか、子どもは出てこられないんです」と言い、インタビュアー加藤昌男氏にとってはそれがもっとも大きく印象に残ったらしい（「国語教育研究」二〇〇六年五月号）。大村はかつて次のようなことも言っている。

「やっぱりいろいろなことをやらせてみなければ、いろいろな子どもたちをとらえることができません。……その子の長所とか特色とかが現れるような場面のなかで見てやらないと、その子はとらえられないだろうと思うんです。同じものをやらせて、そこに出てくる違いから見える個性なんていうのは、本当にちょっとしたものにすぎないように思います。」（『日本一先生」は語る　―大村はま自伝』）

一定の型にはまった授業をしていると、そこで発揮される子どもの能力も非常に狭い範囲のものに限られてしまい、優れている、とされる子が固定してしまう。優れていない、とされる子はいつも浮かない顔をすることになる。多彩なことに取り組み、教師の力を見る目もほんとうに多彩で、悠々たる高さと豊かさを持っている、その幅広さの中でしか、子どものさまざまに違う個性もほんとうには発揮されない、ということだろう。大村単元学習が定義を拒否するかのように多彩なのも、大村があれほど自分の勉強をやめなかったのも、結局はそのためだったのではないだろうか。

とはいえ、参観者の目に劣等生が見つからなくても、全員が成績優秀者になるわけではない。「それなら大村さんのクラスは、テストを受けると、全員、百点をとるのか」というようなことを問われると、大村は、「それは人間というものを見誤った考え方だ」と言ったり、ある時からは、「もうノーコメント」と正面からの議論をしないことさえあった。優劣を越えた天地をさんざん努力の末に教室にうちたてても、優劣がなくなるわけではなく、あるのは、ひととき、そんなことをすっかり忘れて、広々とした学ぶ世界で無心になって一生懸命に、そして安心して、やるべきことに取り組んでいる子どもたちの姿だけだ。そこでも、依然として残る能力の差は、「個人差の一部」であり、もう授かったものとして、謙虚に受けとめるしかない、と、大村は覚悟を決めたようだ。「これ以外の救いがあるとは思えない」と、言うのだ。

それほどに心を砕いて、優劣を越えたところで子どもたちが自分の力を思う存分に尽くす姿を実現させたとしていても、それで大村教室の子どもの生きる世界がまるごと変わるわけではない。一日の大半を、彼らはごく当たり前の社会で過ごす。よくわからない科目に頭を抱え、試験があれば偏差値にへこみ、進学先の選定に現実を知らされる。悠然と過ごす優等生を見て、自分を寂しく思ったりする。優等生は優等生で、自分をたぶらかす甘い、底の浅い優越感が目の前にころがっている。結局、大村教室にも、優劣の問題が忍び込むことは、現実としては避けようがないことだった。

大村は旅に出ると、かならず何かささやかなおみやげを子どもたちに用意した。行った先の名所などをあしらった栞や絵はがき、小さく包装されたお菓子ということもあった。おみやげ話を聞きながら、机の上のおみやげを眺め、いじって、うれしかったことを私も覚えている。次の話は大村がある年の夏休み、オーストラリア、ニュージーランドでの学会に参加したときのおみやげをめぐる話だ。『大村はま・教室で学ぶ』に載っている。

その時は、なにしろ遠い外国への長い旅だったから、おみやげへの期待もいやがおうにも高かった。いつもより多めにあれこれと用意して、休み明けの教室に持って行った。

珍しい話を披露しながらひとわたりおみやげをくばったが、ブーメランの形をしたワッペンがまだあった。「みんなにはないけれど、ほしい人……」椅子をガタガタさせて、十五、六人が出てきて、声を立てて喜んで選んでいる。気づくと、そういう場面に必ず飛んでくるはずの少年Sがいない。席の方を見ると、ちんまりとすわって、栞のふさを撫でている。

その時間が終わって、大村はSに声をかけた。

(ここからは原文のままである。)

――ブーメランの、持ってたの?

と声をかけた。

――ううん、持ってない。

――?……

――できる子だけかと思った……。

私は胸に何かかたまりのようなものがこみ上げてくるような気がした。冷たいものだった。そのへんが暗くなった。悲しみだった。こういうことがないようにと願いつづけてきたのに、やっぱりこのことばを聞くとは。

(中略)私は思わず、「コラッ」と言って、後ろからSを羽交いじめにした。抱きしめた胸のあたりで何か声がする、……Sが何か言っている。

やっと顔を少し向けて、にっこり笑って、

――こう言うと、先生がいやな顔するかと思って……テスト……ごめん。

私は羽交いじめの手をといたが、しかし、Sのとっさのことば、その言い方は真実で

昭和のはじめ、諏訪高女の遠足。手ぬぐいをかぶり、草鞋がけで山路を行く。

あった、とても演技とは思えなかった。何かのことで少し気持ちが暗くなっていて、つい、言ってしまったのかもしれないが、真実、Sの心の底にはあったものであろう。それを口にしたとたん、あまりの手応えの強さに驚いて、私を何かためしでもしようとしたようなことばが出てしまったのであろう。

（『大村はま・教室で学ぶ』）

この後、大村は「そうお」と言って、「ほんとはね、まだ、もう一つあるの」となんとなく残していたワッペンを彼の手にのせた。Sは、今度はほんとうにニコニコして、ありがとうと言ったという。

やってもやっても、どんなに手を尽くしても、「優劣のかなた」は、手に入れたかと思えば、こんなふうにはかなく現実にのみこまれてしまう。おそらく、ひたすらそのくり返しだったろう。

それでも、少年の時代に、小さな教室の中で、優劣のかなたで学びひたる時を過ごすという経験を経た者たちは、そして、ふと漏れ出た劣等感を見たときの大村の「そのへんが暗くなった」というほどの悲しみを知っているSは、生きていく中で出会うさまざまの困難の瞬間に、ふとそこに立ち返るのではないだろうか。そこに、自分の人生の中で、血の繋がらぬ他人にもっとも尊く遇してもらった、小さな誇りの原点を、見るのではないだろうか。

㊾ 優劣のかなたに

大村はま

優劣のかなたに

優か劣か
そんなことが話題になる、

そんなすきまのない
つきつめた姿。
持てるものを
持たせられたものを
出し切り
生かし切っている
そんな姿こそ。

優か劣か、
自分はいわゆるできる子なのか
できない子なのか、
そんなことを
教師も子どもも
しばし忘れて、
学びひたり

教えひたっている、
そんな世界を
見つめてきた。

学びひたり
教えひたる、
それは　優劣のかなた。
ほんとうに　持っているもの
授かっているものを出し切って、
打ち込んで学ぶ。
優劣を論じあい
気にしあう世界ではない、
優劣を忘れて
ひたすらな心で、　ひたすらに励む。

今は、できるできないを
気にしすぎて、
持っているものが
出し切れていないのではないか。
授かっているものが
生かし切れていないのではないか。

成績をつけなければ、
合格者をきめなければ、
それはそうだとしても、
それだけの世界。
教師も子どもも
優劣のなかで
あえいでいる。

学びひたり
教えひたろう
優劣のかなたで。

＊この詩は、著者が亡くなるまで推敲を続けたので、遺されたメモ、下書き、校正稿をもとに、関係者らによって一部を補完した。

九十八歳の冬が無事に過ぎたなあ、というような時期に、この詩は書かれた。

その少し前、文部科学省の特殊教育関係の雑誌のインタビューを受け、「優劣のかなた」をめざした自身の教育観について語った。後日、インタビューをまとめた記事のゲラが届いた。それを読んだ大村は、どうも放っておけない違和感を感じたらしい。趣旨は正しく書かれていた。どこにも誤りはない。しかし、文章の調子に、もっと引き締まった、厳しさ、切実さが欲しいと思った。大村にとって、このテーマは、のんびりと甘い夢として語るようなものではないのだ。ただ、それは記事全体の調子の問題であって、一つ二つ、注文を出したからといって変わることではなかった。また、そこまでまとめてくださった方に、そんなところまで要求できるはずもなく、その仕事を無にするようなこともしたくなかった。しかし、違和感はどうしても拭いさることができない。インタビューなら気軽だと思った、その自分の判断を、失敗であったと後悔した。どうしたらいいだろう……。

丸一日、大村はじっと沈黙を守って、どうしたものかと考えていたらしい。そして、突然、明るいさっぱりとした声で電話がかかってきた。「インタビューの記事の最後に、詩みたいなものをね、載せてもらうことにしたの。どう、いい考えだと思わない？　そう長くないものですから、迷惑にはならないでしょう。かえって全体が引き締まって、いいことになると思うのよ。その詩をね、今、書いているところです。書き終わったら、意見を聞かせてちょうだいね。」

それがこの「優劣のかなたに」なのだ。

この一連の心の動きこそが、教師大村はまなのだと、私は驚いたものだ。そのころ、体力も一段と落ち、日常の記憶力などにも少しずつ不安が見え始め、老人施設の介護者からは、完全に弱者として見られていた。しかし、この、大切なことをゆるがせにしない職業意識、それでいて温かで実際的な判断力はどうだ。弱者どころではない。あいかわらず強靭でしなやかな精神をいかんなく発揮している。こうやって、大村は教室を実らせていったのである。生徒の仕事を包み、生かし、映えさせてきたのである。なんだかもう、うれしくてたまらなかった。

大村は詩の草稿を親しい編集者にあずけ、大きな文字でプリントアウトしてもらった。それを、身近に置いて、数日間、何度となく手に取り、読み返しては、推敲していたらしい。愛用の6Bの鉛筆で、いくつもの書き込みをしている。「ひたすら」ということばが、ななめに、重なり合うように、何度も、何度も、書かれている。おそらく、そのうすい鉛筆の文字は、白内障と緑内障を併発していた大村の目にはあまり鮮明には映っていなかっただろうが、心の中にはくっきりと見えていたのだろう。

決定稿にまでもっていきたい。話し相手になってほしいから、ちょっと来てちょうだい、という約束の日の、その二日前に死がやってきた。

お棺に入れる愛用の品を取りに、私が無人の部屋を訪ねると、ベッドサイドのテーブルに、その草稿は鉛筆とともにのせられていた。

⑥⓪ さきがけて咲く花

実《み》をとるという立場から見れば、なんの価値なき一輪の花だと思います。しかし、実を結ぶ立場でない立場があります。そっちからみれば、私は実に美しい、さきがけて咲く花の美しさだなあ、と思ったのです。世の中にはそういうこともあると思います。

（『心のパン屋さん』）

まだ春などだいぶ先というような、空気の引き締まった冬のある日、たった一輪咲いた梅を見て、大村が書いた文章のなかのことばだ。梅は他の木の花粉からしか受粉をしないから、まだ時期が来ないうちにたった一輪咲いた花は、実をつけることができない。けれども、その一輪が、冷たい空気の中でしっかりと香りを放ち、目を楽しませてくれた。「さきがけて咲く花の美しさだなあ」と、大村は言う。

この一輪の冬の梅は、きっと、大村はま、その人なのだと思う。大村本人が、ひそかにそう自覚して書いているのだと、私は思う。

凄まじいと言いたくなるような、身を粉にした働きぶりでひとつの仕事を極めた。それは、あまりの迫力であるので、称賛も受けたけれど、人を遠ざけもした。いい単元ができそうだ、となると、二、三十ページの資料を手書きのガリ版で用意するくらいはものともせず、大村さんは印刷物が多くてはた迷惑だと職員室で言われれば、自分で印刷機を買い、紙も買った。生徒に一冊ずつ教材が行き渡るようにと、同じ本を百冊買うこともあった。いい仕事のために手数がかかるのは、まったく覚悟の上のことだった。自分自身の骨身を削ったのはもちろんのこと、おそらくは周囲の人まで巻き込んだことだろう。とにかく、ひたすらに教えた。

人間の社会というのは、そういう突出した人を遇するのに、意外な反応を示すものだ。

単純に、すごいね、真似できないけれどもすばらしいね、というような立場を取るような人はありがたい。それよりもう少し微妙な心理が働いて、あの際だった仕事ぶりが目障りであるとか、いやみであるとか、いっそ迷惑である、というような心情をよびおこしてしまうことが、往々にしてあった。また、称賛はするけれども、もう別世界、関係のない話だ、と早々に一線をひいてしまう人も多かった。ことばの感覚が鋭敏な人であったから、大村は、そうした反応を感じ取って、どれだけ、はっと冷水を浴びたような思いをしたことだろう。子どもに対しては、忍耐強く、寛容であったのに、同業者に対してはそうすることもむずかしいことになっていった。

いつごろのことか、それはわからないけれども、大村は、自分が、たった一輪さきがけて咲いた花であることを、はっきりと自分で認め、その覚悟を定めた時があったのだと思う。同じ単元を二度としないこと、教科書以外の教材をたっぷりと使うこと、惜しみなく身をもって教えること、それらがどれほど突出していようと、もうそれはそれでいい。たとえば百冊の教材を私費で買うことなど、普通の教師に出来ることではないけれども、でも、人が真似できない、ということを理由に、自分の仕事を切りつめることはすまい。後続のランナーの姿が振り返ったときに見えなくても、それでも、この仕事の行き着くところまで行ってみよう。こういう、たった一人の静かな決意である。「世の中にはそういうこともあると思います」という落ち着いたことばに、一種のあきらめや、またひそかな自負が表われているように思われる。

けれども、か、だからこそ、か、そのさきがけて咲いた花の美しさが、人の心を打つ。真似できないけれども、それは残念であるけれども、でも、人を勇気づけ、そして、人に何か高いものを見させるのだ。

仲間とはぐれて咲いたこの梅の花に、惜しみない拍手を送りたい。そして、むずかしいかなと思いながらも、ひょっとしたら、遠くの町にも、ひょっこり早く咲いた梅の花があって、ヒヨドリのくちばしにでもくっついて運ばれた花粉が、思いもかけない実りをもたらすということも、あるかもしれない、そんな期待もしているのだ。大村はまの残した国語教育の遺産を、どのように生かしていくことができるか、それは、教育関係者に残された重大な宿題だろう。

大村はまという人とその思想を描くことを目指して、まるでジグソーパズルを一片ずつ作りながら並べていくような感覚でここまで来たが、最後の一ピースは、そうだ、これにしよう。

「生徒があって教えることができて、それが私の生きがいでした。それで十分むくいられたと思います。子どもから何もお礼を言ってもらえなくても、私はその生徒を教えることによって、自分の生活というものがあったのです。私という人間のこの世にいたしるしになり、この世に生きた意味があったのです。自分の努力は全部むくいられた思いがいたします。……みんなが自分の力だと信じ、先生のことなんか忘れてしまってくれれば本懐である、と私は思うのです。」（『教えるということ』）

あとがき

大村はまの葬儀は、横浜の小さな教会で行われた。大村家の人たちがもう何十年と所属した教会だ。狭い路地に面していて、向かいは、このごろあまり見かけなくなった材木商であった。粗い肌をした材木が、高々と立て並べられていて、春の宵に木の香りが少ししていた。私は、このたいへんな騒動が一段落したら、顚末を大村先生に報告して、ねぎらってもらわなくちゃ、と、半ば本気で思って、ぱたぱたと動いていた。

夕闇の中から、筑摩書房の山野浩一さんが、まるで、デパートで親からはぐれた子どものような、途方に暮れたような顔をして現れた。二年前に出した『教えることの復権』の続編になるような本を、同じ顔ぶれで書こう、と大村が言い出し、共著者であった私も、私の夫も、編集者であった山野さんも、準備にかかっていた。それぞれの腹案をもって集まる第一回の編集会議を、十日後に開こうとしていた矢先であった。山野さんは、章立てまで考えていたのに、と、すっかり気落ちして、とぼとぼと帰って行った。

その山野さんが気を取り直すのに、八カ月が必要だった。八カ月たった頃、この新しい本の構想をもって、現れた。私も、長らく迷子になっていたけれども、そろそろ自分で歩きだす時期がきていた。とはいっても、この、大村はまの著作からことばを選び出し、連ね、それに新たな側面からの短い文章をつけて、全体として、一人の人としての大村はまとその思想とを描く、という構想は、大村の古くからの大切な友人たちや研究者などが力を合わせて取り組むべきものなのではないか、それが、私にとっては懸念であった。そもそも、私の手に余る仕事ではないか。

すると、山野さんが、「苅谷さんの目で見た大村はま像というのを、思い切って書いてみたらいいのです。みんなの知恵を集めた本も、それはいいだろうが、ある特定の目で切り取った像というのも、魅力的なはずです。私は、そういう本を作りたいと思っています」と、言った。そうかもしれない、と思った。

今、目の前に、大村はまの著作から書き出したことばが、千五百余もならんだプリントアウトの束がある。途中で、数がわからなくなった。この本の章立てに似たような分類で、ざっと分けられているこれらのことばは、どれも、迫力があり、深い知恵と技に満ち、また、優しくて、その中からたった六十を選ぶというのは、予想通り苦しいことだった。選ばなかったことばが、今の今も惜しくてたまらない。描けなかった断面がまだ無数に存在することが、心にひっかかる。できるなら、この私家版のことば集のほうをそのまま出版したほうが、喜ばれるのではないか、と思うくらいだ。

でも、いい。大村は、いつも完成度を言うよりは生徒に力作を切望した。「これは私の力作です」とさわやかに言ってのけるような少年の明るさを愛した。だから私も、このむずかしかった仕事を、元気を出して「力作です」と言ってしまおう。この本に表されているのは、大村はまという堂々たる氷山のほんの一角だ。これをきっかけに、数多く残された著作を手にとる人があれば、それで十分満足だ。

葬儀の日、その一部始終を先生に報告しなくちゃ、と思ったのと同様に、この本も、その制作過程から完成品まで、ぜひ先生に見てもらわなくちゃ、と今も思う。こういう仕事を、誰よりも面白がって、やってみたいと目を輝かせるのは、大村はまなのだ。「そんなすてきな構想の本、やりがいがあったでしょう。どれ、見せて、どんな工夫をしたの？　どのことばを選んだの？　一緒にやりたかったわね。ほんとうに残念！」と言いそうだ。

山野さんに感謝したい。そして、はま先生には、……なんと言ったらいいのか、わからない。

61番目の小さな話 ―先生と私―

十三歳の誕生日から十二日目の日に、私は、国語教師・大村はまに出会った。十三歳の私は思春期の入り口に立ち、お世辞にも素直でも従順でもなく、国語という教科にも偏見を持っていたから、出会いの条件は決して良くなかった。それなのに、最初の授業の最初の三十分で、大村はまの力と魅力が私の偏見をぐらりと揺らし、最初の週が終わる頃には、ここで何かに出会えそうな予感があった。

実際、大村国語教室には、中学生が妙に興奮しながら勉強してしまう不思議な知の世界があり、胸をどきどきさせながら自分の成長を眺めた。中学を卒業する日が迫った時、大村教室を卒業することはうら寂しく、喪失感とはこういうものかと思った。でも先生は存外さっぱりと、「前を向いてどんどん歩いていきなさい」と私たちの背を押して向こう岸に渡すと、自分はくるりと振り返り、次の生徒たちにかかりきりになったようだった。そのいかにもプロ意識に満ちた姿はいかにも大村先生らしく、かっこいいものだったが、やっぱり私は寂しかった。ま、いいか、と高校へ進学した。

それから十数年経って、先生がその分だけ年をとり、私もその分の経験を積んだ頃、私に二度目の大村教室が降ってわいた。視力の低下や膝の持病に悩むようになった先生が、ちょっとした手助けを必要とするようになったのだ。自分の仕事の流儀を良く知り、面白い取り組みには一緒になって面白がり、仕事の質を追求するためにはかなりのエネルギーを割き、骨惜しみをせず、丈夫で、いい話し相手になる、そういう助手を必要とした。かといって、フルタイムで雇うほどの仕事はない。用事のある時だけ電話で呼び出して、手伝いを頼める、そういう自由のきく身でなければならない。そこに私がちょうどうまく嵌った。

ある日、電話がかかってくる。「明日、八重洲ブックセンターにつきあっていただけないかしら？ 資料を、もう少し求めたいと思うので」「今週中に、カードに整理したいろいろなメモを、印刷屋さんに回せる形にまとめなければならないの。お願いできる？」「研究大会の会場に、資料として使った本はすべて展示して、手にとって読んでいただけるようにしたいと思っています。百冊以上の本を三種類に分類し、それぞれ違う色のシールに番号を書いて、貼りたいのよ。いかにも、はまちゃんには不向きで、夏子さんは得意という仕事でしょう？」

最初の頃は、私の一人娘がまだ赤ちゃんだった。だから、先生の手伝いをするにはその赤ちゃんをなんとかしなくてはいけない。実家の両親に預けたり、時にはベビーシッターを雇ったりして、私は先生のところへ駆けつけたものだ。本に埋もれたマンションの一室で、資料一覧と照らし合わせながら、資料となる本の表紙にシールを貼っていく。手先が器用でないことを苦にしていた先生は、「やっぱり、そういう仕事を任せたら、夏子さんはたいしたもの。私はおしゃべり係として楽しいお話でもして、あとは、おいしいお茶とお菓子でもお出しするわね」などと言って、実際にお茶を飲みのみ、次から次へと小さな話をしてくれる。研究上で気づいた興味深いこと、昨日、マンションのエレベーターの中で聞いた面白いことばの用例、旅のひとこま……。用が済むと、特上寿司に茶碗蒸しをつけるか、肝吸い付きの鰻重を誂えるか、そのどちらかがご褒美である。

赤ちゃんを人に預けてまではるばる世田谷まで出かけ、シールを貼るような単純な手伝いをしたのは、老いた恩師への忠義のためなどではない。もちろん、肝吸い付き鰻重のためでは断じてない。千葉の私の家から、世田谷の先生のマンションまでは片道二時間近くかかる。それでも結果として一度も大村先生から用を頼まれて断ったことがなかった。

私は行きたかったのだ。小さな大村教室に。あれは、先生が一人、生徒が一人の大村教室だった。七十四歳で退職し、その後は全集を初めとするさまざまな本を出版したり、研究会に出席したり、と大忙しであった先生だったけれども、生徒はもういなかった。目の前で私が、うなずいたり、話の先を聞きたがるような顔をしたり、よくわからなくて首をひねったり、自分の知識の中から先生の知らないようなことを補ったりすると、先生は、いかにも生き生きとした表情を見せ、さらにつっこんだ話をしてくれた。中学時代と違ったのは、私がもう中学生でなく、大学の国文科も出て、それなりに成長していたことだった。かつて、自分が基礎を徹底的に育て、さらに伸びていくためのエネルギーも与え、方向を慎重に見極めて旅立たせたロケットが、新しい知識と力量とともに自分のところに帰ってきたような感覚を、先生は覚えていたに違いない。そう思えば、私は例のロケット「はやぶさ」のようではないか。「開発担当者」のもとに飛んで戻る「はやぶさ」の私は、ひさしぶりの大村教室を堪能した。他のどこにもない独特のことばの世界が、そこにはあった。

娘が赤ちゃんでなくなった頃からは、旅のお伴もするようになった。その初めての機会に、先生は新幹線の座席で、まだ多摩川も渡らないうちに、いくらか改まった調子でこう言った。

「これから、きっとたくさんの旅をご一緒するわね。どうぞよろしくお願いね。楽しい旅になるでしょう。それにあたって、お約束しておきたいことが二つあるのよ。いい？

まず、旅の途中、黙っていても気にしない、そういうことにしましょうね。黙っていても大丈夫。変に心配したりしないで下さいね。私は、急に機嫌を悪くしたりはしないから。

おしゃべりしたいときは、思う存分おしゃべりして、黙っていたいときは、好きなだけ黙っている。それが平気な旅の連れでいて下さい。

もう一つ、これはもっと大事なことですけど。

あちこち講演などで伺う土地には、私の昔からの大事なお友だちや、かつての生徒がいます。そういう人たちが、本当に熱心に待っていてくださる。そして、ちょっとおかしいけれども、みんな、「自分こそ、はま先生の一番の友人だ、一番かわいがってもらった生徒だ、一番の理解者だ」と、思っていてくださるの。実際、諏訪高女の生徒たちは、それで言い争いをしたこともあるんですよ。なんだか、子どもみたいでしょう。おもしろいものね。でも私は、そういう気持ちをありがたいと、そして、心から大事にしてあげたいと、思っています。それに、ある意味では、それは本当のことでもあるのよ。

あなたは、私の教え子で、今はこうしていろいろ手伝っていただいて、たくさんの楽しい旅もいっしょにするでしょうし、本当に親しい人です。でも、これから先に出会う、そういう私の古い大事な人たちと、どっちが一番か、どっちが親しいか、よくわかっているか、なんて競いあったりしないでほしいのよ。わかってもらえるかしら？　ひかえめに、していて下さい。お願いね。」

私は「はい」と約束し、その約束を、先生の死まで守った。

九十九歳の誕生日まであと一カ月半という春の日に、先生は亡くなった。二日前まで長電話で仕事の打ち合わせを熱心にし、書きかけの本も、準備中の講演もいくつもあったのに、突然のくも膜下出血で最期の日が来た。

テレビや新聞や雑誌が、不世出の国語教師、大村はまの死を報じた。横浜開港記念会館で、古くからの仲間が「大村はま記念の会」を開き、諏訪からも八十代となっていた元生徒たちがマイクロバスに乗って駆けつけた。

そんな中で、札幌の地でも一つの追悼の会が開かれた。たった一人の人が考えたことだった。

かつて石川台中学校で夜間警備の仕事をしていた早川哲雄は、ある晩、見回りの最中の国語教室で生徒の学習記録の山に気づき、ふと一冊を手に取って読み始めた。そこには想像を超えたことばと学びの世界があり、驚きとともにのめりこむように読んだ早川はたった一晩で大村はまを信奉するようになった。強くてひたすらで誠実なその姿を愛し、その高い知の世界を尊敬し、職員室で孤立した大村を精一杯かばった。早川の実直な友情は、大村の孤独をどれだけ温めたかしれない。その後、早川は妻と共に札幌の地に移り、自然酵母のパン屋を始めた。「おいしいパンだけでなく、心のパンも出したい」と、店の一角で小さなサロンコンサートを開くようになり、大村をゲストに迎えチェロの演奏とともにトークを楽しむ、というような文化的な試みもした。

その早川が、大村の死の後、なんの組織にも頼らず夫婦だけで札幌駅前の五番館ホールを借り、一晩の追悼会を催したのだ。集まったのは、早川の店で大村のトークを聞いた人たちである。彼らはまた、早川が酔うと必ず最後には泣きながら話す「大村先生の話」を長年聞いてきた仲間たちでもある。会社を休んでホールの照明や音響機器を操作したのは、小学生の頃に大村のトークを聞いたという青年だった。舞台のスクリーンには、大村の姿が大写しで投影された。早川の手製の資料も用意されていた。かなり大部な、本格的な資料だ。

追悼の会が始まると、早川のむきになったような、ちょっと怒ったようにさえ聞こえるスピーチが、ホールに響いた。続いて私は、先生の最後の日々の様子を話した。札幌交響楽団のチェリストが奏でるチェロの音は胸を揺さぶり、最後には夫妻が焼いたクッキーが皆に振る舞われた。そんな心づかいも、大村はまを送る会には、たいへんふさわしいものだと思われた。

会が終わって、当別にある早川の自宅に泊めてもらうことになった私は、夫妻の車の後ろの席に座り、少し放心していた。札幌は、先生が幼少期を過ごした地でもある。早川の大村に対する強い気持ちが痛いほどわかって、私は放心するしかなかったのかもしれない。

そんな時、早川が唐突に言った。

「僕は、はま先生のことを気にかけながらも、東京を出て、札幌に来た。本家のだいじな婆さまのことを、ずっと気にしながら、故郷を離れたようなもんだ。そのだいじな婆さまを、このごろは分家の若い姪っ子が面倒みてくれてるらしい、って思ってた。それが、あなただ。どんな人なんだろうな、ってずっと思ってた。きょう、とうとう会えて、そうか、と思ったけど。

でも、一つ、聞かせて。なぜ、あなただったの？　どういう理由で、あなたがはま先生のそばにいるようになったの？」

……ひかえめに。私には先生との約束があるから、こういう質問にはこんなふうに答える。

「先生が手伝いが欲しくなった頃、ちょうど時間があったから。それから、私は呑気者なので、先生も気楽だったから。そういうことだと思います。」

一瞬の沈黙の後、早川が、車の助手席から突然、大きな震える声を私に浴びせた。

「時間があったからって……。呑気で気楽？　あなた、何を言ってるの？

あの大村はまという人のことを、あなたは、悪いけど、親より大事と思って、それで一緒にいてくれたのではなかったの？　だってそういう人でしょう？　あの大村はまという人は。

それを、時間があったとか、呑気とかって！」

早川は、悔しがって、泣いた。

先生、あなたはこんなにも大事に思われています……。

札幌郊外の真っ暗なハイウェイを走りながら、私は呆然と早川の慟哭を聞くばかりだった。

文庫版あとがき

この本を書きはじめたのは、恩師の死からまだ一年経つか経たないかという時期で、思いがけない時に胸がひよひよと妙な感じになっていたりしたものだった。そういう中で、この本を作る作業は、「まえがき」にも書いたとおり、大村はまという不世出の国語教師の遺伝子配列を明らかにするような感覚があって、大きな元気のもとになった。こうやって大村はまのDNAが整理され、共有されたなら、それは国語教育の現場の大事な指標になるのではないか。そう思うと、視界がぐんと開けるような気がしたものだった。大村はまはことばになってここに残っている、と本当に思った。この本は、かなりの大望を抱きながら生まれた本なのだ。

けれども、そんなことは、いかにも机上の夢想だったなあ、と今は思う。実際はそんなふうにはいかなかった。

考えれば、遺伝子配列という比喩自体が、もともと現実を暗示していたのだ。遺伝子の配列がたとえ完璧にわかったとしても、そこから新しい生命を生むことはできない。これと、これと、これを、こうやって並べて、それからこうやってくっつければ、ほらイネができるでしょう、ということにはならない。できることといったら、ある変異の証拠を探ることや、個体の異同を確認することくらいのものだ。遺伝子情報は、あくまで情報でしかなくて、実体とは別ものでしかない。

目の前に、大事ななにかがあることがわかっているというのに、それを本当には自分のものにすることができない。それは、なぜなのだろう。この本が、ちくま学芸文庫の一冊になる今日までの数年の間に、私は合わせて一万人近くの人たちに向けて、大村はまと大村教室の話をしてきた。そのたびごとに懸命に伝えようとしたし、聞き手もよく聞いてくださった。意気込みで頬を上気させて、大村はまから大事なものを受け取ったと語ってくれる人たちに出会った。涙ぐむ人たちさえいた。新しい友人も得た。けれども、それが本当に現実のなにかに結実したという話がなかなかない。晩年の大村はまの焦れた顔を思い出す。「ちょっといい話」なんてものを目指しているわけではないのだが。なぜ、ここにこうしてあるものを、私たちは受け継げないんだろう……。

大村はまは、所詮、一代かぎりの名人でしかあり得ないということなのだろうか。膨大なDNA情報の器としての、人のキャパシティとか、覚悟とか、意志とか、そもそも実力とか、そういうものが、私たちの側に足りないということだろうか。たぶん、そうなのだろう。学校の先生という職業に、これほど膨大な努力と能力と時間と真心を捧げるということは、現実味が薄い。そこまでする義務は、たぶん負っていない。給料は、そんなことにまで払われていないし。

遺伝子配列を超えて、個々の要素を貫く「命」というのは、何なのだろうと、今は考えずにはいられない。太古の海に、稲妻か、「神」か、宇宙人か、なにか知らないが不思議な力が作用して、物質が突然「命」になった、そういう出来事があった。そのように、この本に用意されている六十の断片が、断片であることを超えて命を持つためには、どれほどのエネルギーが必要なのだろうか。そのエネルギーを、私たちはいったいどうやって得ればいいのだろうか。

大村はまに育てられたから、私も読書家であるつもりだが、こんな不景気な「あとがき」は見たことがないなあ、と思うが、しかたがない。

それでも、目の前に高い山があれば、人は、あこがれて、のどをそらせて、視線を上げて、仰ぎ見ずにはいられない。登ってみようと思う。山頂を遠く臨みながらごろごろの坂道を歩くことは、旅を、単なる移動に終わらせない。ふもとをうろうろと巡っているだけのようであっても、山のいただきさえ視野にしっかりと入れておけば、迷子ではなく、登山者だと言える。現実的には、大村はまを知る意味は、そこにあるのだろう。たとえDNAの一断片であっても、知ることは意味があるのだろう。それを一里塚のように受け取りながら、歩いていく。

人を育てるという仕事のいただきはこの通り、ここにある。少なくともそこまではわかっている。

引用文献一覧（書籍の著作者は、すべて大村はま）

『大村はま先生に学びて』広島大学　一九六六年
『国語教室の実際』共文社　一九七〇年
『教えるということ』共文社　一九七三年
『読書生活指導の実際』共文社　一九七七年
『やさしい国語教室』共文社　一九七八年
『国語教室おりおりの話』共文社　一九七八年
『大村はまの国語教室　―ことばを豊かに』小学館　一九八一年
『大村はまの国語教室２　―さまざまのくふう』小学館　一九八三年
『大村はまの国語教室３　―学ぶということ』小学館　一九八四年
『日本語を豊かに　―どう教え、どう学ぶ』小学館　一九八三年
『大村はま国語教室　全十五巻別巻一』筑摩書房　一九八二〜八四年
『教室をいきいきと　１・２・３』筑摩書房　一九八六年
『授業を創る』国土社　一九八七年

（参考文献）

『教室に魅力を』国土社　一九八八年
『教えながら教えられながら』共文社　一九八九年
『大村はま・教室で学ぶ』小学館　一九九〇年
『「日本一先生」は語る　―大村はま自伝』（原田三朗との共著）国土社　一九九〇年
『日本の教師に伝えたいこと』筑摩書房　一九九五年
『新編　教えるということ』筑摩書房　一九九六年
『私が歩いた道』筑摩書房　一九九八年
『心のパン屋さん』筑摩書房　一九九九年
『教えることの復権』（苅谷剛彦・苅谷夏子との共著）筑摩書房　二〇〇三年
『教師　大村はま96歳の仕事』小学館　二〇〇三年
『かけがえなきこの教室に集う　―大村はま白寿記念文集』小学館　二〇〇四年
『大村はま国語教室の実際　上・下』渓水社　二〇〇五年
『忘れえぬことば』小学館　二〇〇五年
『学びひたりて』共文社　二〇〇五年
「アサヒグラフ」一九八〇年四月二五日号　朝日新聞社　一九八〇年
「はまゆう」大村はま国語教室の会　一九八一～二〇〇一年

『大村はま講演集 上・下』風濤社 二〇〇四年
『資料が語る戦時下の暮らし』麻布プロ 二〇〇四年
「国語教育研究」日本国語教育学会

本書は二〇〇七年三月十日、『優劣のかなたに——大村はま60のことば』のタイトルで筑摩書房より刊行された。

国文法ちかみち　小西甚一

伝説の名教師による幻の古文参考書、第三弾！　文法を基礎から身につけつつ、古文の奥深さも味わえる、受験生の永遠のバイブル。（島内景二）

よくわかるメタファー　瀬戸賢一

日常会話から文学作品まで、私たちの言語表現を豊かに彩る比喩。それが生まれるプロセスや上手な使い方を身近な実例とともに平明に説く。

教師のためのからだとことば考　竹内敏晴

ことばが沈黙するとき、からだが語り始める。キレる子どもたちと教員の心身状況を見つめ、からだと心の内的調和を探る。（芹沢俊介）

新釈　現代文　高田瑞穂

現代文を読むのに必要な「たった一つのこと」とは……。戦後20年以上も定番であり続けた伝説の大学受験国語参考書が、ついに復刊。（石原千秋）

現代文読解の根底　高田瑞穂

伝説の参考書『新釈　現代文』の著者による、もうひとつの幻のテキストブック。現代文を本当に正しく理解するために必要なエッセンスを根本から学ぶ。

読んでいない本について堂々と語る方法　ピエール・バイヤール　大浦康介訳

本は読んでいなくてもコメントできる！　フランス論壇の鬼才が心構えからテクニックまで、徹底伝授した世界的ベストセラー。現代必携の一冊！

学ぶことは、とびこえること　ベル・フックス　里見実監訳　朴和美・堀田碧・吉原令子訳

境界を越え出ていくこと、それこそが自由の実践としての教育だ。ブラック・フェミニストが自らの経験をもとに語る、新たな教育への提言。（坂下史子）

高校生のための文章読本　梅田卓夫／清水良典／服部左右一／松川由博編

夏目漱石からボルヘスまで一度は読んでおきたい文章70篇を収録。読解を通して表現力を磨くテキストとして好評を博した名アンソロジー。（村田喜代子）

高校生のための批評入門　梅田卓夫／清水良典／服部左右一／松川由博編

筑摩書房国語教科書の副読本として編まれた名教材の批評編。気になっていた作家・思想家等の文章を、短文読切り解説付でまとめて読める。（熊沢敏之）

ことわざの論理　外山滋比古

「隣の花は赤い」「急がばまわれ」……お馴染のことわざの語句や表現を味わい、あるいは英語の言い回しと比較し、日本語の心性を浮き彫りにする。

知的創造のヒント　外山滋比古

あきらめていたユニークな発想が、あなたにもできます。著者の実践する知的習慣、個性的なアイデアを生み出す思考トレーニングを紹介！

英文対訳　日本国憲法

英語といっしょに読めばよくわかる！「日本国憲法」のほか、「大日本帝国憲法」「教育基本法」全文を対訳形式で収録。自分で理解するための一冊。

知的トレーニングの技術〔完全独習版〕　花村太郎

お仕着せの方法論をマネするだけでは、真の知的創造にはつながらない。偉大な先達が実践した手法から実用的な表現術まで盛り込んだ伝説のテキスト。

思考のための文章読本　花村太郎

本物の思考法は偉大なる先哲に学べ！　先人たちの思考を10の形態に分類し、それらが生成・展開していく過程を鮮やかに切り出す、画期的な試み。

「不思議の国のアリス」を英語で読む　別宮貞徳

このけたはずれにおもしろい、奇抜な名作を、いっしょに英語で読んでみませんか――『アリス』の世界を原文で味わうための、またとない道案内。

さらば学校英語　実践翻訳の技術　別宮貞徳

英文の意味を的確に理解し、センスのいい日本語に翻訳するコツは？　日本人が陥る誤訳の罠は？　達人ベック先生が技の真髄を伝授する実践講座。

漢文入門　前野直彬

漢文読解のポイントは「訓読」にあり！　その方法はいかにして確立されたか、歴史も踏まえつつ漢文を読むための基礎知識を伝授。　（齋藤希史）

精講漢文　前野直彬

往年の名参考書が文庫に！　文法の基礎だけでなく、中国の歴史・思想や日本の漢文学をも解説。漢字文化の多様な知識が身につく名著。　（堀川貴司）

大村《おおむら》はま　優劣《ゆうれつ》のかなたに　遺《のこ》された60のことば

二〇一二年十月十日　第一刷発行
二〇二四年五月十五日　第三刷発行

著者　苅谷夏子（かりや・なつこ）
発行者　喜入冬子
発行所　株式会社　筑摩書房
東京都台東区蔵前二―五―三　〒一一一―八七五五
電話番号　〇三―五六八七―二六〇一（代表）
装幀者　安野光雅
印刷所　株式会社精興社
製本所　株式会社積信堂

ISBN978-4-480-09487-2 C0137

ちくま学芸文庫